智慧健康养老管理专业教学标准构建研究

田奇恒　苏　红　等著

中国社会出版社
国家一级出版社 · 全国百佳图书出版单位

图书在版编目（CIP）数据

智慧健康养老管理专业教学标准构建研究 / 田奇恒等著. -- 北京 : 中国社会出版社，2023.11
ISBN 978-7-5087-6929-5

Ⅰ.①智… Ⅱ.①田… Ⅲ.①养老－社会服务－中国－课程标准－研究－高等职业教育 Ⅳ.①D669.6

中国国家版本馆 CIP 数据核字（2023）第 167941 号

出 版 人：程 伟
终 审 人：陆 强
策划编辑：孙武斌
责任编辑：李新涛
责任校对：杨春岩
封面设计：时 捷

出版发行：中国社会出版社
地 址：北京市西城区二龙路甲 33 号
邮政编码：100032
编 辑 部：(010)58124846
网 址：shcbs.mca.gov.cn
发 行 部：(010)58124864；58124845
经 销：新华书店

印刷装订：北京虎彩文化传播有限公司
开 本：185 mm×260 mm 1/16
印 张：10
字 数：200 千字
版 次：2023 年 11 月第 1 版
印 次：2023 年 11 月第 1 次印刷
定 价：58.00 元

中国社会出版社微信公众号

中国社会出版社天猫旗舰店

本书参著人员

（按姓氏拼音排序）

杜　庆：重庆城市管理职业学院智慧康养学院智慧健康养老服务与管理教研室主任

黄　茜：重庆城市管理职业学院智慧康养学院智慧健康养老服务与管理专任教师

雷靳灿：重庆城市管理职业学院智慧康养学院副院长

雷　雨：重庆城市管理职业学院智慧康养学院智慧健康养老服务与管理专业带头人

李　莉：重庆城市管理职业学院智慧康养学院智慧健康养老服务与管理专任教师

聂麟懿：重庆城市管理职业学院智慧康养学院智慧健康养老服务与管理专任教师

苏　红：重庆城市管理职业学院智慧康养学院康复治疗技术专业带头人

田奇恒：重庆城市管理职业学院智慧康养学院院长

王　娟：重庆城市管理职业学院智慧康养学院智慧健康养老服务与管理专任教师

张　俊：重庆城市管理职业学院智慧康养学院党总支书记

前　言

近10年来，中国人口数量一直处于持续上升趋势，但人口增长速度由高速增长转向平稳增长，其中，65岁及以上人口数量上升趋势明显，伴随该趋势，高龄、失能和空巢老人占比有所提升。随着我国人口老龄化问题不断加重，国家高度重视养老体系建设，有关部门相继出台了多项政策推动养老行业快速发展，如2015年11月出台《关于推进医疗卫生与养老服务相结合的指导意见》、2019年4月出台《国务院办公厅关于推进养老服务发展的意见》、2022年9月《关于做好2022年居家和社区基本养老服务提升行动项目组织实施工作的通知》等，同时随着科技进步，互联网、人工智能、5G等技术的发展为传统养老转型升级带来机遇，智慧健康养老利用物联网、云计算、大数据、智能硬件等新一代信息技术产品，驱动智能硬件适老化发展，实现个人、家庭、社区、机构与健康养老资源的有效对接和优化配置，推动健康养老服务智慧化升级，提升健康养老服务质量效率水平。在老龄化进程加快、养老需求扩大、传统养老行业转型升级的同时，我国养老服务从业人员总体上却仍面临数量短缺、专业能力不强等困境。为了增加养老专业人才的数量供给，提高整体从业人员素质，自2013年起，我国就出台各类政策加快推进养老护理职业教育，2014年，教育部等九部门联合印发《关于加快推进养老服务业人才培养的意见》，首次提出探索开展本科层次职业教育试点，明确提出到2020年要基本建立以职业教育为主体，应用型本科和研究生教育层次相互衔接，学历教育和职业培训并重的养老服务人才培养培训体系。2019年，教育部等七部门发布的《关于教育支持社会服务产业发展　提高紧缺人才培养培训质量的意见》，提出要合理确定中职、高职、本科、研究生等不同类型、不同层次学历教育相关专业和职业培训的人才培养目标、规格。

遵照国家政策，利用“双高”建设的良好时机，本团队通过对智慧健康养老管理专业设置的必要性和可行性分析，对重庆乃至西南地区智慧养老管理人才需求状况、智慧养老管理人才能力要求、人才职业生涯发展路径等进行研判，列举团队开设本科专业的基础与优势，在此基础上制订了智慧健康养老管理专业职教试行办法、智慧健康养老管理专业教学标准，明确人才培养目标，培养适应养老服务产业发展新趋势、养老新模式、老年人新需求的养老服务管理中高端应用型人才。

依据教学标准制订智慧健康养老管理专业人才培养方案，初步确立课程设置，并制订出核心课程教学标准。为培养更为优秀的养老服务人才，团队还构建了智慧健康养老管理专业职教本科层次人才培养质量标准，分为刚性指标（学生毕业的最低要求，更是评定毕业生质量的硬性条件）与质量评级（在满足刚性指标的基础上，对智慧健康养老管理专业毕业生从思想品德、身体素质、人才培养规格等多个方面进行分类评价），进一步明确不同层次的人才所应具备的素质、知识与技能。

由于本校智慧健康养老管理专业仍未开办，现处于积极准备中，故本书中的教学标准、人才培养方案、课程设置等内容难免有不尽如人意之处，后期工作中，本团队一方面根据国家政策规定，一方面根据养老产业发展所需，会不断调整相关内容，让本科的开设做到有备无患，同时，请各位同行批评指正。

智慧健康养老管理专业项目组

2023 年 11 月

目　录

智慧健康养老管理专业设置的必要性和可行性分析报告

一、建设背景与基础

智慧健康养老管理专业依托于老年服务与管理专业，老年服务与管理专业是顺应我国老龄化趋势越加严峻的时代背景设立的专业。长沙民政职业技术学院于1999年在全国率先开办老年服务与管理专业，重庆城市管理职业学院于2010年招收该专业的第一批学生。

目前养老服务行业从业人员的整体学历水平偏低，设置智慧健康养老管理专业开展本科层次职业教育，将有助于提升该行业从业人员的整体素质，更有利于该行业的良性发展。

二、人才需求分析

（一）养老行业发展现状与趋势

1. 老龄化趋势明显加速，银发市场蕴藏巨大潜力

近10年来，中国人口数量一直处于持续上升趋势，但人口增长速度由高速增长转向平稳增长。其中，65岁及以上人口数量上升趋势明显。根据1956年联合国《人口老龄化及其社会经济后果》的划分标准——当一个国家或地区65岁及以上老年人口数量占总人口比例超过7%时，则意味着进入了老龄化——2010年我国这一数据已达8.9%，进入老龄化社会；而根据国家统计局数据显示，中国老龄化程度进一步加深，2021年65岁及以上人口为20056万，65岁及以上人口占总人口的比例上升至14.2%（如图1-1和图1-2所示）。

我国社会老龄化趋势呈现加速与不可逆转两个特点：老龄化是一个人口结构变迁的动态过程，中华人民共和国成立以来共经历了两次婴儿潮，分别是1962年至1971年，1982年至1992年。到2021年，第一次婴儿潮对应的人群年龄中位数为55岁，即将进入老龄阶段。根据中国人口金字塔现状，结合人口发展的自然惯性，未来我国将迎来老龄化的加速。根据联合国的中等情形预测，到2050年，中国65岁及以上人口的占比预计为26%，较第七次人口普查（以下简称“七普”）数据上升13个百分点，我国的老龄化程度将持续加深。

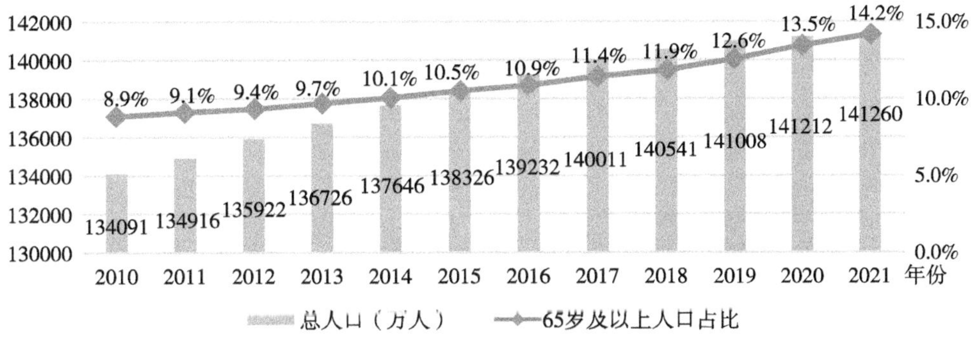

图 1–1　2010—2021 年我国老龄化程度走势图

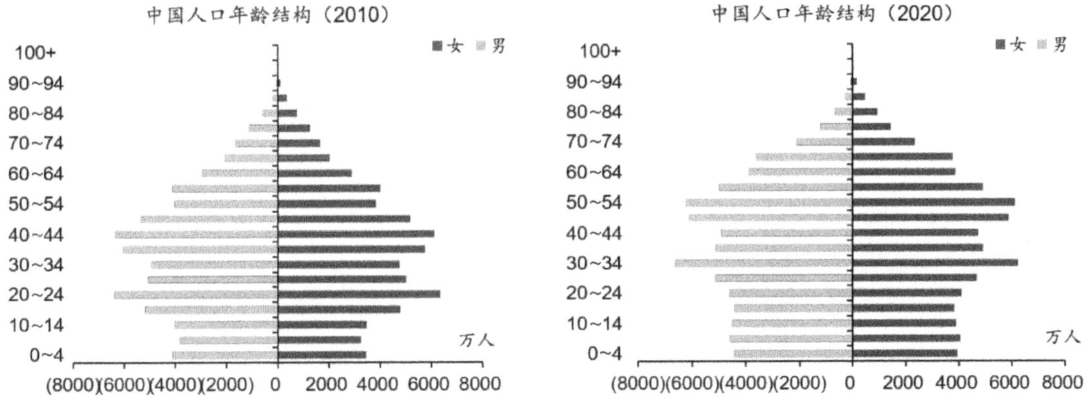

图 1–2　相较“七普”数据，中国社会更趋老龄化

而随着人口结构向老龄化方向滑坡，少子化和长寿化决定了老龄化趋势难以逆转。

我国人口出生率持续走低，带动人口增长率回落，而生育政策的调整并不能根本性扭转生育率下降趋势。2010 年后，中国的生育政策明显转向宽松：2011 年“双独二孩”、2013 年“单独二孩”、2015 年“全面二孩”、2021 年“三孩政策”逐步推出。实际上，2016 年由于全面开放二孩政策，在后续两年人口出生率有明显的上升，带动人口自然增长率上升。但从 2018 年开始，尽管有孩家庭的二孩意愿依然在持续释放，但一孩出生率仍然在急剧下降。2020 年新生人口约 1200 万，总和生育率约为 1.3，显著不及《国家人口发展规划（2016—2030 年）》中设定的目标（1.8），更远不及世代更替水平（2.1）。各类鼓励生育的政策能够在一定程度上延缓下降趋势，却很难根本性改善生育率低迷的问题。与此同时，受益于医学技术进步、营养及环境条件的改善，老年人的死亡率下降，人均预期寿命持续上升，目前我国人均预期寿命为 77.3 岁。

伴随着我国老龄化进程加快，高龄、失能和空巢老人占比将提升。据中国老龄协会数据，2020 年我国的失能老人达到 4200 万，其中 80 岁以上高龄老人达 2900 万，而空巢和独居老人达到 1.18 亿（大城市的空巢老人占老年人总数的比例在 1/3 ~ 1/2）。适合该部分老人的养老、医疗健康服务需求也将不断增加，而近年来我国平均家庭规模却在变小，家庭成员互助能力降低、子女赡养能力下降，国人开始寻求家庭外的养老辅助，在社会变迁及需求升级的共同作用下，养老行业将迎来一批差异化、品质化等多样需求的养老客户群。

2. 政策支持推动国内养老产业快速发展

随着我国人口老龄化问题不断加重，国家高度重视养老体系建设，相继出台了多项政策推动养老行业快速发展。具体情况见表 1–1。

表 1–1　近几年养老行业主要政策文件

时间	文件	解读	发布单位
2015.11	《关于推进医疗卫生与养老服务相结合的指导意见》	进一步推进医疗卫生与养老服务相结合	国家卫生计生委、民政部、国家发展改革委等九部门
2017.03	《“十三五”国家老龄事业发展和养老体系建设规划》	明确“十三五”时期促进老龄事业发展和养老体系建设的指导思想、基本原则、发展目标和主要任务	国务院
2017.02	《智慧健康养老产业发展行动计划（2017—2020 年）》	推动健康养老服务智慧化升级，提升健康养老服务质量效率水平	工业和信息化部、民政部、国家卫生计生委
2017.03	《关于应用全国养老机构业务管理系统加强养老机构发展监测的通知》	正式启用全国养老机构业务管理系统	民政部
2017.08	《养老服务标准体系建设指南》	确定养老服务标准体系因素，并制成养老服务标准体系构成因素图	民政部、国家标准委
2017.12	《2017 年智慧健康养老应用试点示范名单》	包括智慧健康养老示范企业 53 家，智慧健康养老示范街道（乡镇）82 个，智慧健康养老示范基地 19 家	工业和信息化部、民政部、国家卫生计生委
2018.04	《国务院办公厅关于促进“互联网 + 医疗健康”发展的意见》	推进实施健康中国战略，提升医疗卫生现代化管理水平	国务院办公厅
2018.12	《关于公布第二批智慧健康养老应用试点示范名单的通告》	包括第二批智慧健康养老示范企业 26 家，智慧健康养老示范街道（乡镇）48 个，智慧健康养老示范基地 10 家	工业和信息化部、民政部、国家卫生健康委员会
2019.04	《国务院办公厅关于推进养老服务发展的意见》	深化“放管服”改革、拓宽养老服务投融资渠道、扩大养老服务就业创业、扩大养老服务消费等	国务院办公厅
2019.06	《关于开展第三批智慧健康养老应用试点示范的通知》	启动第三批智慧健康养老示范试点评选工作	工业和信息化部办公厅、民政部办公厅、国家卫生健康委员会办公厅
2019.07	《国务院关于实施健康中国行动的意见》	实施老年健康促进行动	国务院
2019.08	《普惠养老城企联动专项行动实施方案（2019 年修订版）》	继续推动增加普惠养老服务有效供给	国家发展改革委、民政部、国家卫生健康委
2019.09	《关于进一步扩大养老服务供给　促进养老服务消费的实施意见》	扩大养老服务供给，促进养老服务消费	民政部

续表

时间	文件	解读	发布单位
2019.12	《关于加强规划和用地保障支持养老服务发展的指导意见》	对养老机构实行多种有偿使用方式供应用地和地价优惠政策	自然资源部
2020.04	《关于做好2020年养老院服务质量建设专项行动工作的通知》	推进养老机构标准化，完成全国统一的等级评定	民政部、住房城乡建设部、国家卫生健康委、应急管理部、国家市场监管总局
2020.10	《关于印发〈养老院院长培训大纲（试行）〉和〈老年社会工作者培训大纲（试行）〉的通知》	提升养老院院长、老年社会工作者培训工作	民政部办公厅
2021.06	《“十四五”积极应对人口老龄化工程和托育建设实施方案》	建设连锁化、标准化的社区居家养老服务网络；建设公办养老服务机构；扩大普惠性养老服务供给	国家发展改革委、民政部、国家卫生健康委
2021.10	《2020年度国家老龄事业发展公报》	持续扩大养老服务供给；社会服务兜底工程继续实施；养老服务综合监管力度不断加大，制度更加健全	国家卫生健康委
2022.02	《“十四五”国家老龄事业发展和养老服务体系规划》	养老服务供给不断扩大；老年健康支撑体系更加健全；为老服务多业态创新融合发展；要素保障能力持续增强；社会环境更加适老宜居	国务院
2022.09	《关于做好2022年居家和社区基本养老服务提升行动项目组织实施工作的通知》	建设家庭养老床位；提供居家养老上门服务	民政部办公厅、财政部办公厅

3. 医养结合、养老地产、智慧健康养老将成为商业化主流模式

当前，中国养老最大的难题是维持健康体魄的持续性与获取医疗护理的便捷性。对医疗服务资源的依赖性，迫切需要为老年人构建综合的、连续的、适宜的医疗服务。医养结合是集医疗、护理、康复和基础养老设施、生活照料、无障碍活动于一体的养老模式，其优势在于能够突破一般医疗和养老的分离状态，为老年人提供及时、便利、精准的医疗服务，并最终将医疗服务、生活照料服务、健康康复和临终关怀等整合，提供一体化的医养结合服务，满足老年人的整体养老需求。在国家政策的推动下，医养结合成为养老产业发展新热点，根据财政部、民政部、人社部、艾媒咨询预测数据，中国医养结合行业市场规模增长迅速：从2017年的5245亿元，到2021年突破1万亿元，医养结合将发展为贯穿整个养老产业链、与各环节结合最深的养老服务模式。

养老地产是由地产开发商或其他商业投资机构建设推出的针对老年人养老居住的房地产产品，也是以完善的基础生活及护理等设施为老年人提供符合生理及心理特点的综合性养老服务体系。这一服务体系以住宅房屋为核心，以专业化运营管理团队为支撑，有居住养老、生活看护、医疗护理、餐饮娱乐、文体休闲等多种功能，并以专业化老年公寓、老年社区、普通社区的养老机构、多社区共建的养老服务设施等多种

形式提供给用户。养老地产凭借其“综合社区”的属性优势，通过整合分散的养老资源，构建综合型养老服务商业模式。有望实现社会效益与经济效益的“双赢”。

另外，随着科技进步，互联网、人工智能、5G 等技术的发展为传统养老转型升级带来机遇。智慧健康养老利用物联网、云计算、大数据、智能硬件等新一代信息技术产品，驱动智能硬件适老化发展，实现个人、家庭、社区、机构与健康养老资源的有效对接和优化配置，推动健康养老服务智慧化升级，提升健康养老服务质量效率水平。目前，在我国以居家养老为主体、社区为依托、机构为补充的养老模式背景下，智慧养老通过技术手段从远程监控、实时定位、统一平台信息交互等角度多方位打造信息化养老服务系统，满足老年人和家庭的现代化、科学化和人性化的养老需求。目前智慧健康养老服务领域主要包括慢性病管理、居家健康养老、个性化健康管理、互联网健康咨询、生活照护、信息化养老服务。智慧健康养老作为护航老年人安享晚年生活、提升幸福感的高科技产业，其产业规模不断扩容。据 2019 年智慧健康养老产业发展大会统计测算，2019 年我国智慧健康养老产业规模近 3.2 万亿元，近 3 年复合增长率超过 18%。未来，智能设施将加速落地，全面覆盖养老生活需求，精细化、专业化针对用户个人需求将成为贯穿养老服务周期的重要载体。

4. 专业人才缺口大，国家政策持续加码完善人才培养体系

在老龄化进程加快、养老需求扩大、传统养老行业转型升级的同时，我国养老服务从业人员总体上仍面临数量短缺、专业能力不强等困境。

相关数据显示，在我国有 1.8 亿以上的老年人患有慢性病，患有一种及以上慢性病的比例高达 75%，失能和半失能老年人约 4000 万，他们迫切需要专业性、医养结合的长期护理服务，对养老护理员的需求多达 600 多万人，但是我国目前仅有 50 多万名从事养老护理的服务人员，远不能满足需求。与此同时，随着我国经济的发展，健康理念的转变，养老需求呈现多层次、多样化、专业化的发展趋势，急需大量的养老产业人才。现代养老产业从业人员应是健康照顾与促进者、组织与管理者、教育与咨询者、协调与合作者、研究与应用者等多种角色的综合体，养老领域需要能将社会工作、医学护理、心理学、营养学等横跨领域融会贯通的应用型人才，这对我国养老服务人才队伍培养体系的发展提出了新要求。从实际情况来看，我国现阶段的养老服务人才队伍基本以农村出身的 40 ~ 50 岁年龄阶段的人员为主，他们文化程度普遍较低，也缺乏职业的养老护理技能训练。根据民政部社会福利中心一项课题的调查分析，全国养老机构专业护理人员仅占 12.21%，养老护理员学历水平集中于初中以及中专学历，教育水平较低且接受的培训不足，护理人员队伍整体文化素质较低。

为了增加养老专业人才的数量供给，提高整体从业人员素质，2013 年，我国出台了各类政策加快推进养老护理职业教育。2015 年，国务院办公厅转发《卫生计生委等部门关于推进医疗卫生与养老服务相结合指导意见的通知》，提出支持高等院校和中等

职业学校增设相关专业课程，加快培养老年医学、康复、护理、营养、心理和社会工作等方面专业人才。2019 年，《国务院办公厅关于推进养老服务发展的意见》（国办发〔2019〕5 号）指出：“鼓励各类院校特别是职业院校（含技工学校）设置养老服务相关专业或开设相关课程，在普通高校开设健康服务与管理、中医养生学、中医康复学等相关专业。”诸如此类的政策文件很多，逐渐形成了完善的政策体系框架。

此外，国家还鼓励积极探索本科层次职业教育试点，提高养老护理专业办学层次。2014 年，教育部等九部门联合印发的《关于加快推进养老服务业人才培养的意见》首次提出探索开展本科层次职业教育试点，明确提出到 2020 年要基本建立以职业教育为主体，应用型本科和研究生教育层次相互衔接，学历教育和职业培训并重的养老服务人才培养培训体系。2019 年，“职教 20 条”明确提出了实施“1+X”证书制度试点工作和本科层次职业教育试点，这成为完善我国现代职业教育制度体系的重大突破。同年，教育部等七部门发布的《关于教育支持社会服务产业发展 提高紧缺人才培养培训质量的意见》，提出要合理确定中职、高职、本科、研究生等不同类型、层次学历教育相关专业和职业培训的人才培养目标、规格。在一流本科专业建设“双万计划”等项目实施过程中，向家政、养老、育幼等相关领域专业倾斜。原则上每个省份至少有 1 所本科高校开设家政服务、养老服务等相关专业。

从上述政策可以看到，国家政策致力于完善养老服务人才培养体系，打造多层次多通道养老服务人才培养格局，积极应对人口老龄化进程。

（二）重庆 / 西南地区智慧养老管理人才需求分析

1. 智慧养老行业发展趋势急需高层次技能人才

（1）更加注重需求导向。随着国家经济的发展、人民生活水平的提高，老年人需求重心将由生存必需型向享受型、发展型、参与型转变，产业更加细分，更加专业化、职业化。从 2013 年老龄产业元年开始，几乎所有老龄政策都是聚焦供给，而 2019 年老龄政策一个重要转向，就是由注重供给向注重需求转变。老龄产业相关领域将发生转变，养老服务要与时俱进转型升级，高层次、个性化服务将成为老龄产业发展新方向。

（2）更加注重健康服务。党中央、国务院高度重视积极应对人口老龄化和实施健康中国战略，对推进健康老龄化，提高老年人健康水平提出明确要求。2019 年健康服务重量级文件接连出台、《国务院关于实施健康中国行动的意见》、国家卫生健康委等八部门《关于建立完善老年健康服务体系的指导意见》，其中明确提出，“发挥市场在资源配置中的决定性作用，激发市场活力，鼓励社会参与，满足多层次、多样化的老年健康服务需求”。老年健康不仅是事业，也是产业，是最具希望的产业。

（3）更加注重跨界融合。党中央、国务院高度重视老龄产业发展，党的十八大和十八届三中、四中、五中全会以及“十三五”规划纲要都提出了明确要求，党的十九大报告强调加快老龄事业和产业发展，进一步提升了老龄产业的战略定位和高度，养老事业与产业的融合是大势所趋。

老龄产业不是独立产业，是众多产业的集合。跨界融合是老龄产业发展的必然趋势，政府回归本位，发挥有为政府作用；市场全面放开，提供多样化的产品和服务供给。从长远看，养老服务数量增加、质量提升、结构调整都必须靠产业高质量发展。

（4）更加注重科技支撑。《国家积极应对人口老龄化中长期规划》提出，“把技术创新作为积极应对人口老龄化的第一动力和战略支撑，依靠科技创新化解人口老龄化给经济社会发展带来的挑战”。通过科技创新，突破老龄产业特别是老年用品产业发展的技术瓶颈，在老年辅助技术研发和应用、开展信息化老年健康服务这两大领域，《国家积极应对人口老龄化中长期规划》中都有明确的表述，依靠科技创新满足更高层次的健康服务需求，优化产品和服务设计，更好满足老年人需求。

（5）更加注重质量效益。党的十九大提出，坚持高质量发展。2017 年第 14 次中央财经领导小组会议提出了提高养老院服务质量的要求，此后的两年提升养老服务质量成为相关职能部门工作的重中之重。老龄产业今后一个重要趋势是：从外延式数量速度发展转向技术质量效益的内涵式发展。顺应更高水平更高质量的产品和服务需求，满足监督管理标准，关键是培育核心竞争力，在管理、服务、技术、人才、标准 5 个方面下功夫。

2. 重庆老龄化程度进一步加深带来巨大的人才缺口

根据重庆第七次全国人口普查结果，重庆老龄化程度进一步加深。数据显示，第七次人口普查中，重庆市常住人口为 3205.42 万，比第六次人口普查增加 320.80 万。60 岁及以上人口占 21.87%，人口老龄化进一步加深。重庆市巨量的老年人口带来的是养老产业需求端的旺盛，养老产业获得巨大成长空间的同时对中层管理和高技术人才需求巨大。

2021 年，重庆市出台 50 条举措加快养老服务体系建设，其中最为重要的内容是加强养老服务人才队伍建设。第一，实施技能提升工程，组织养老服务人员专题培训 200 期，培训在职在岗养老护理员 2 万人次，培训管理人员 2000 人次。第二，建立养老服务人才激励政策，力争引进养老护理员 2000 名、院长或主管 100 名。第三，稳步开展职业技能评定工作，力争到年底养老护理员职业技能评定比例达 60%。

上述举措体现了政府对养老服务人才队伍建设的重视，但是重庆老龄化程度所带来的人才缺口依旧巨大，仍需继续加强对中层管理和高技术人才的培养力度。

3. 综合管理人才需要长学制培养

本科层次的高等职业教育，是我国当前经济和科技发展水平对高职人才培养层次提出的新要求，是高职教育自身发展和建立完善的高层次应用型人才培养体系的需要。

智慧健康养老管理专业坚持以服务区域社会经济为宗旨、以适应市场需求为导向，关注学生自身发展，走产学研结合之路。在建设本科层次职业教育的同时，既要避免对普通本科教育方法、教学模式、开设课程等环节的模拟，又要避免职业专科基础上纯粹的延长学制时间、增加课程等做法。

智慧健康养老管理专业的培养目标是培养面向健康养老产业和行业企业的服务、管理、照护等岗位，能够胜任老年健康监测与照护、智慧养老服务与管理、养老产品营销、安宁照护等工作，符合养老服务产业发展需求的高素质复合型技术技能型人才。

智慧健康养老管理专业在培养目标、开设课程和教学特点等方面都不同于老年服务与管理专业，既高于职教专科，又与普通本科不同，因此教育理念关注创新发展、关注学生知识迁移、可持续成长；以有所创新、侧重技术技能培养为原则，形成基于工作过程系统化、理实一体化为特色的职业本科教学体系，制订专业的职业本科人才培养方案，构建包括通识课、学科基础课、专业课等理论实践一体化课程体系。

4. 学生呼唤本科层次职业教育学历

近年来我国各阶段教育水平不断发展，市场上高学历的人群不断增加，企业招聘人员学历的要求也在慢慢提升，高职学生面临就业岗位低端、工资待遇较低、工作辛苦的困境，学生只有通过提升学历，来提升自身就业竞争力。

“十四五”规划纲要提出“增加高质量就业，注重发展技能密集型产业”，中国技能劳动者已超 2 亿人，但技术工人仍普遍短缺，行业企业需要高技术技能人才来满足各行各业技术进步的需求。高技术技能人才的培养对应高层次学历的培养。

从毕业生就业感受来看，学生也希望有提升学历的途径。在对毕业生调研中，在回答“老年服务与管理专业的毕业生，您认为什么学历程度能够满足就业和发展需要？”时，有 35.7% 的毕业生认为本科学历才能满足职业发展需要，说明一部分毕业生认为提升学历有利于未来职业发展（图 1–3）。

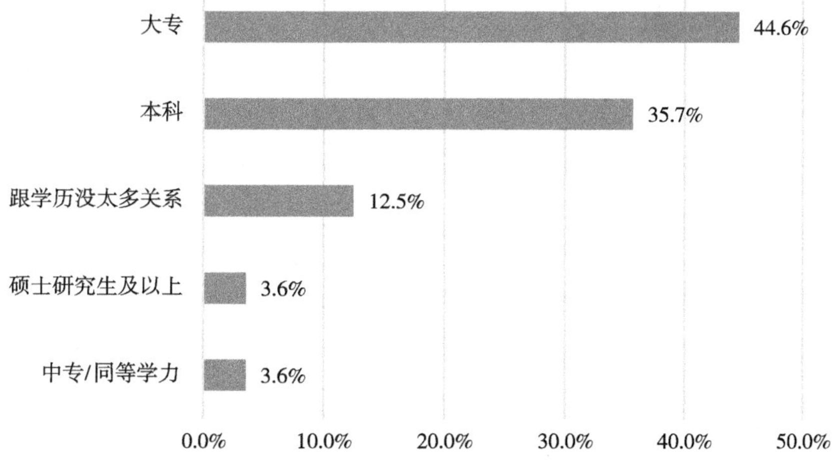

图 1–3　毕业生认可的、满足职业发展的学历层次

对于选择提升学历的原因，毕业生回答最主要的原因是“求职需要，企业招聘、晋升有更高的学历门槛”，占比为60.6%；其次因为“社会压力，高学历更容易被认可”而选择继续深造，具体占比为48.5%；因为“自己喜欢，想通过深造获得更大提升”而选择提升学历也是一项重要因素，占比为42.4%（图1–4）。

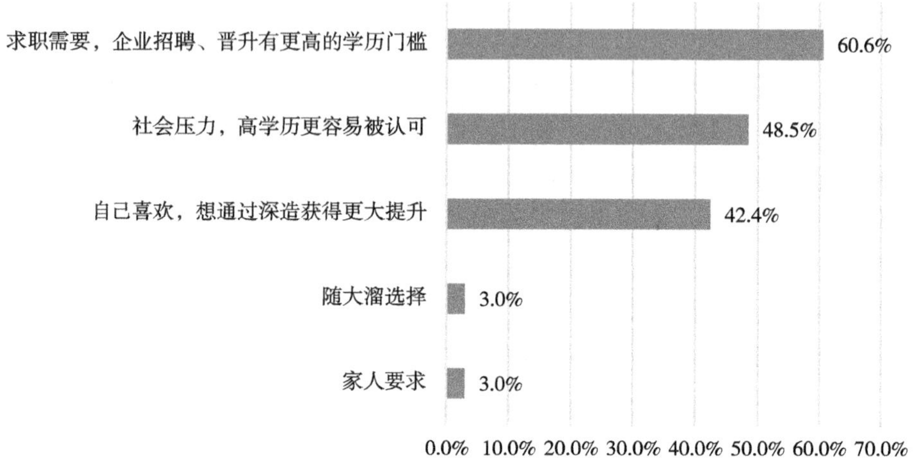

图1–4　毕业生选择/希望继续攻读更高学历的原因

5. 高层次技术技能人才需要本科职业教育培养

目前技术技能培养的路径有企业内部培训、专业培训班、职业资格证书考证培训、职业教育学历培养等方式，在这四种方式中，企业更接受职业资格证书考证培训、职业教育学历培养两种方式的技术技能培养；作为人才方，认为这两种方式可获取行业认可的学历证书、技能证书，含金量高且更加符合个人增强就业竞争力的诉求，对于职业生涯发展的作用更大。

（三）智慧养老管理人才能力要求

1. 智慧养老管理人才目标岗位及典型能力（见表1–2）

表1–2　智慧养老管理人才目标岗位及典型能力

序号	就业岗位	主要职责	核心职业能力
1	照护主管岗	1. 熟悉老年人的生理状况 2. 根据不同自理能力等级制订照护计划 3. 完成照护工作的管理 4. 协调整合养老项目不同资源	1. 生活照护能力 2. 疾病护理能力 3. 营养膳食指导能力 4. 健康评估能力 5. 紧急救助能力
2	健康管家主管岗	1. 了解养老医疗法规政策 2. 熟悉老年人的心理和生理状况 3. 根据老人不同情况制订切实可行的养老方案，并为老人清晰讲解	1. 市场调研与市场开拓能力 2. 产品介绍能力 3. 团队协作能力

续表

序号	就业岗位	主要职责	核心职业能力
3	销售主管岗	1. 推广计划制订及活动组织 2. 管理销售团队，分拆销售任务 3. 销售员技能培训	1. 人力资源管理能力 2. 市场拓展能力 3. 业务培训能力
4	运营管理岗	1. 产品运营、用户运营、市场运营等工作统筹 2. 各类日常运营计划制订	1. 常用运营能力 2. 活动策划能力
5	采购主管岗	1. 熟悉养老用品市场 2. 按需制订采购计划 3. 完成日常物品盘点	1. 供应商管理能力 2. 价格谈判及成本管理能力 3. 团队管理能力
6	产品主管岗	1. 熟悉养老用品市场 2. 调研老年人的用品意向 3. 开发老年用品 4. 老年用品营销策划	1. 测评调研能力 2. 产品开发能力 3. 品牌营销能力
7	初级讲师岗	1. 培训需求调查与评估 2. 开展专业培训 3. 培训管理及技能认定	1. 需求调查及评估能力 2. 理论课件制作及实操技能培训能力 3. 学员及培训体系管理能力

2. 培养人才职业生涯发展路径

表 1–3 的职业生涯发展路径基本可以涵盖高职、本科层次的智慧健康养老管理专业毕业生的职业生涯发展过程，高职和本科毕业生的发展路径相同，但本科毕业生发展速度明显快于高职毕业生，本科学制培养对于学生的就业起点、发展速度及所对应的层级均优于高职学生。

表 1–3　智慧健康养老管理专业职业生涯发展路径

发展阶段	养老服务		互联网运营				培训	一般发展年限	
	照护	客服	市场销售	运营	行政后勤	产品研发		高职	职教本科
Ⅳ	照护主任	健康管家总监	销售总监	运营总监	采购总监	研发总监	高级讲师	5～8 年	4～7 年
Ⅲ	照护主管	健康管家经理	销售经理	运营经理	采购经理	产品经理	中级讲师	3～5 年	2～4 年
Ⅱ	照护组长	健康管家主管	销售主管	运营主管	采购主管	产品主管	初级讲师	1～3 年	1～2 年
Ⅰ	照护员	健康管家	业务员	运营专员	采购专员	产品专员	助教	0.5～1 年	0.5 年

3. 与目标培养人才相关的职业技能证书情况

当前与智慧养老管理专业相关的职业资格证书包括：

（1）1+X 老年照护职业技能等级证书；

（2）1+X 失智老年人照护职业技能等级证书；

（3）养老护理员；

（4）公共营养师；

（5）健康管理师；

（6）保健按摩师。

三、开设本科专业的基础与优势

重庆城市管理职业学院是西南地区最早开设老年服务与管理专业的院校，该专业是教育部高等职业院校高水平专业群中唯一的 A 类老年服务与管理专业群建设项目，是全国首批养老服务专业示范点，同时也是中国养老产业和教育联盟的发起单位，在西南及全国影响力深厚，专业实力雄厚。师资方面：本专业师资力量强大，拥有教授职称教师 1 人，副教授和博士 3 人，所有教师均为硕士及以上学历，90% 以上的教师拥有行业企业工作（挂职、实践）经历。下面具体阐述智慧健康养老管理专业在各方面现有的扎实基础与特色。

（一）服务重庆、辐射西南

当前，我国老龄化趋势明显加速，重庆更是迈入重度老龄化阶段；而随着国家经济的发展、人民生活水平的提高，老年人需求重心由生存必需型向享受型、发展型、参与型转变，养老服务更加注重需求导向、更加注重健康服务、更加注重跨界融合、更加注重科技支撑、更加注重质量效益。重庆市老年人口的增加以及养老需求的变化，使得养老产业的市场需求越来越大。重庆城市管理职业学院申报本科智慧健康养老管理专业，精准对接专业的目标就业岗位，为重庆及西南地区输送符合养老服务产业发展需求的高素质复合型技术技能型人才。

（二）与多个优质企业开展合作

本专业与全国顶级的养老服务集团公司有着紧密的联系与合作，包括重庆医科大学附属第一医院青杠老年护养中心、重庆龙湖集团养老事业部、重庆宏善实业集团有限公司、万科集团养老运营有限公司、北京海航嘉盛养老服务有限公司等，每年的实习就业留用比例均超过 90%，为学生的实习就业打下了坚实的基础。

（三）人才培养质量稳步提升

根据 2017—2021 届毕业生的样本调研情况，老年服务与管理专业毕业生在就业率、工作稳定性、教学满意度、综合评价等各个方面均有较好表现。

就业率方面，毕业生就业落实度较高，工作与专业相关度紧密。参与本次调研的毕业生毕业半年后就业去向见表 1-4。

表 1–4　2017—2021 届毕业生毕业半年后就业去向情况

毕业年份		受雇于全职工作	受雇于半职工作	继续攻读更高学历	无工作继续寻找工作
2021	计数（人）	42	2	8	1
	占本次调研的 %	79.2	3.8	15.1	1.9
	占本级总人数的 %	62.7	3.0	11.9	1.5
2020	计数（人）	32	2	3	1
	占本次调研的 %	84.2	5.3	7.9	2.6
	占本级总人数的 %	61.5	3.8	5.8	1.9
2019	计数（人）	30	1	1	0
	占本次调研的 %	93.8	3.1	3.1	0.0
	占本级总人数的 %	62.5	2.1	2.1	0.0
2018	计数（人）	3	—	1	—
2017	计数（人）	1	—	—	—

注："占本次调研的 %"指在本次有效回收样本中所占的比例，"占本级总人数的 %"指在实际毕业生人数中所占的比例。如 2019 年实际有 50 名毕业生，参与调研的有效样本为 30，其中有 20 个样本选择"受雇于全职工作"，则"占本次调研的 %"为 66.6%，"占本级总人数的 %"为 40%。

以参加本次调研的毕业生情况作为整体情况的代表，本专业毕业生在毕业半年后基本能够落实就业[①]。

从工作与专业相关度来看，本专业毕业生工作与专业相关度与全国情况基本持平。对比北京师范大学中国公益研究院发布的《中国大学生养老服务行业就业意愿调查分析报告（2019）》[②]，重庆城市管理职业学院本专业毕业生工作与专业的相关度与全国情况基本持平，有 48.7% 的毕业生目前仍处于对口就业状态。在《中国大学生养老服务行业就业意愿调查分析报告（2019）》中，临近毕业时，学生愿意从事养老服务工作的意愿为 48.2%，另外重庆城市管理职业学院有 8.7% 的毕业生处于深造学习的状态，已转行的毕业生占比为 42.6%。具体情况如图 1–5 所示。

---

① 就业率反映了毕业生毕业的落实情况，教育部公布的高校毕业生就业率的计算公式为：

毕业生就业率 =（已就业毕业生人数 ÷ 毕业生总人数）× 100%

毕业生总人数 = 已就业毕业生人数 + 待就业毕业生人数 + 暂时不就业毕业生人数

已就业毕业生包括：受雇全职工作人员、受雇半职工作人员、自主创业就业人员、毕业后入伍人员、毕业后读本科人员。

②《中国大学生养老服务行业就业意愿调查分析报告（2019）》是北京师范大学中国公益研究院开展的全国性的大学生就业意愿网络调查，调查共计回收问卷 3189 份，发放地域涵盖了山东、北京、辽宁、河南、浙江、重庆、天津、河北、四川、江苏、上海、新疆、安徽 13 个养老服务专业开设院校密集的省、自治区及直辖市，可以基本反映全国养老服务相关专业学生的实际情况。

报告原地址：http://www.bnu1.org/show_1358.html。

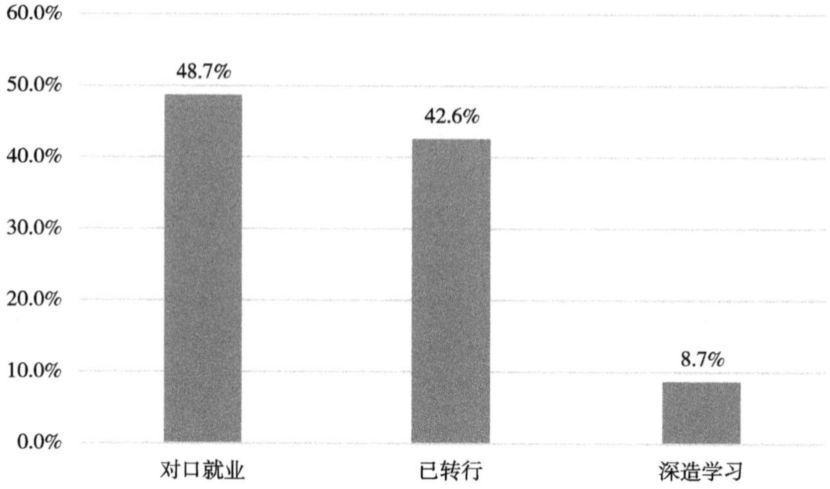

图 1-5 毕业生对口就业情况

老年服务与管理专业毕业生就业稳定性较好。“没有跳过槽”的比例为 71.4%。“跳槽 1 次”的比例为 19.6%，二者合计占比 91.0%。具体情况如图 1-6 所示。

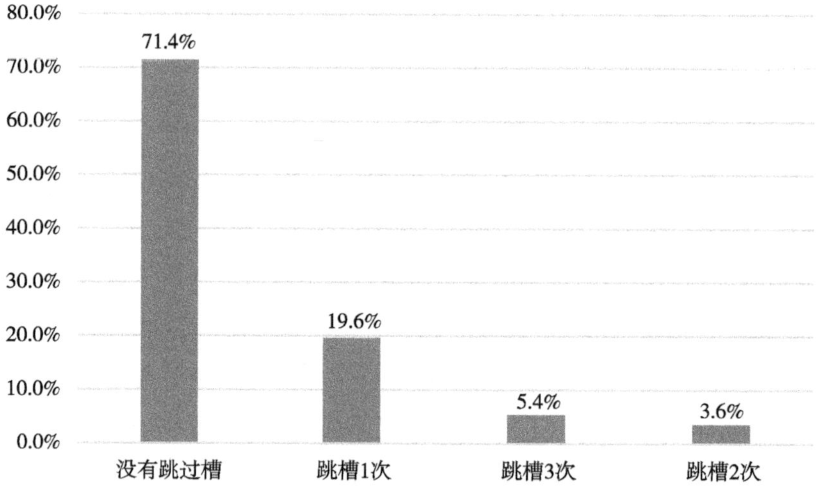

图 1-6 毕业生就业以来跳槽情况

老年服务与管理专业毕业生对本专业整体教学满意度较高，表示满意的合计 99.2%，其中非常满意 52.3%，比较满意 35.2%，满意 11.7%。具体情况如图 1-7 所示。

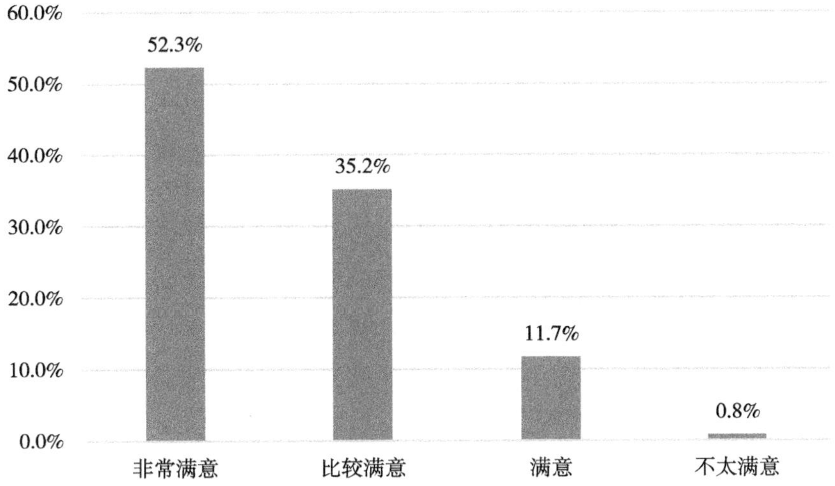

图 1-7　毕业生对专业教学满意度整体评价

毕业生对本专业教授的专业知识适用度评价较高，99.2% 的毕业生认为专业知识适用，其中非常适用占 33.6%，比较适用占 53.9%，适用占 11.7%。具体情况如图 1-8 所示。

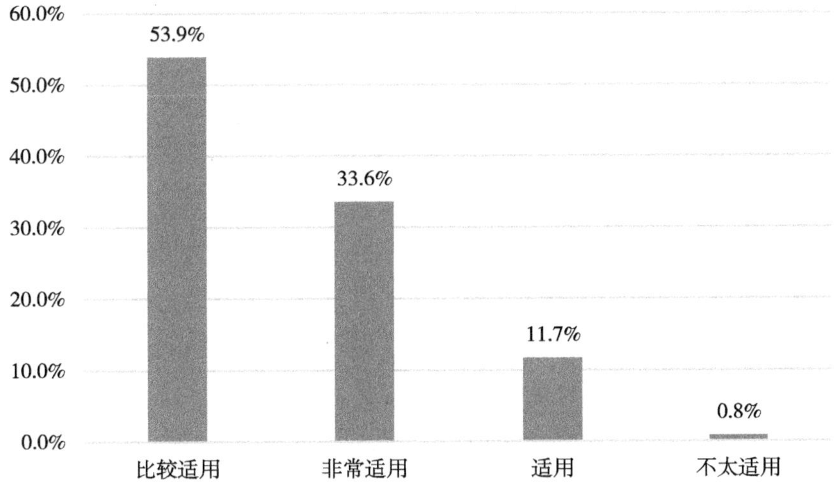

图 1-8　毕业生对专业知识适用度评价

（四）国际影响力提升

本专业一直秉承开放办学的原则，长期和德国、丹麦、加拿大等国家的同类专业保持紧密的合作与联系。比如与德国柏林易北大学（IB-Hochschule Berlin）联合举办的中外合作办学项目。该项目引进德方专业核心课程体系（包括教学模式、教学师资、教学大纲、课程教材、课程考核标准等），在该校三年全日制学习，培养社会紧缺的国际化、复合型的老年照护高级人才。

四、建设目标

（一）总体建设目标

本专业坚持以习近平新时代中国特色社会主义思想为指导，牢固树立新发展理念，培养德智体美劳全面发展，拥有良好职业道德和养老服务管理理念，掌握智慧养老服务基本知识和基本技术，具有爱心、责任心、服务意识、奉献精神，面向健康养老产业和行业企业服务、管理、照护等岗位，能够胜任老年健康监测与照护、智慧养老服务与管理、养老产品营销、安宁照护等工作，符合养老服务产业发展需求的高素质复合型技术技能型人才。

（二）具体建设目标

智慧健康养老管理专业本科层次职业教育，具体建设目标如下。

第一，升级人才培养目标，适应养老行业对高层次技能型管理人才的需求，培养以“服务＋运营管理”为关键能力特征的高素质复合型技术技能型人才。

第二，建设教学创新型师资团队，加强高素质、高水平、精技术、双师型师资的引进和培养，与九如城养老产业集团、重庆宏善实业集团有限公司、美瑞嘉年（重庆）养老服务有限公司等战略型合作企业探索师资队伍共建共享机制，为专业职业本科教育提供最有力的团队保障。

第三，对接行业先进标准，引入养老行业新技术、新工艺、新规范，联合行业专家、企业运营管理专家、本科层次职业教育同行，协同开发智慧健康养老管理专业职业本科教学标准。推动智慧健康养老管理专业联合行业龙头企业、区域优质企业，共建特色产业学院或产教联盟、职业教育集团，共同建设高水平专业、共同开发职业本科课程标准，开发适合养老行业的智慧养老照护人才、养老机构管理人才、养老产品营销人才培养的实践教学体系与教学资源，辐射带动重庆城市管理职业学院老年服务与管理专业群建设。

第四，打造“专业思政”的场域，用课程思政理念将思想政治教育元素植入专业课程，通过课程思政以及创新创业教育，强化技术伦理、职业道德教育、企业家精神和社会责任意识培养，与企业、政府共同推动社会公共意识文化的觉醒和应用新技术的公民意识。

第五，打造实践教学基地，夯实专业发展基础：打造智慧民生产教融合应用体系。打造集教学、实践、科研、创新创业于一体的智慧康养实训中心和社会治理智慧融合实训中心，对内开展实训实践活动，对外拓展社会实践渠道，加强社会培训。

第六，解决科研成果和行业应用的贯通问题。将研究成果转化为解决实际生产问题的技术，适应区域经济社会发展和产业升级需要；同时通过技术发展和创新实现现有知识和研究水平的提升。

第七，加快与国际接轨的步伐，开发国际化课程，组织国际化研讨，加强与境外高水平院校的师生互访互换，逐步提升智慧健康养老管理专业职业本科国际化办学的实力与水平。

重点在产业学院、产教融合实训基地、教学成果奖、教师教学创新团队、"1+X"证书建设、规划教材、精品在线开放课程、专业教学标准、职业院校技能大赛奖、科研项目与论文以及社会培训和服务项目等方面取得成效，具体成果详见表 1–5。

表 1–5　智慧健康养老管理专业建设标志性成果

成果方向	成果名称	国家级	省级
1. 教育教学改革与教师发展	教学成果奖		≥ 1 项
	教学创新团队		≥ 1 项
	教学名师、专业领军人才		≥ 1 人
	职业院校教师教学能力竞赛		≥ 1 项
	承办高职院校技能大赛赛项		≥ 1 项
	教学改革项目或教育科学规划项目		≥ 3 项
	企业兼职骨干教师		≥ 1 人
	高水平"双师型"教师队伍		≥ 85%
	"1+X"证书制度试点	≥ 1 个	
2. 教学资源建设	精品在线开放课程 / 精品视频公开课程		≥ 2 门
	国家规划教材	≥ 1 本	
	大学生校外实训教学基地		≥ 1 个
	职业教育教学标准	≥ 1 个	
	技术先进、设施一流的校内实训基地		≥ 1 个
	校企深度共建的企业大学		≥ 1 个
	校企深度融合的产业学院		≥ 1 个
3. 技术研发与社会服务	科研项目		≥ 2 项
	SCI/EI 论文	≥ 1 篇	
	专利授权或者著作权	≥ 1 项	
	中文核心学术论文	≥ 2 篇	
	研制团体标准		≥ 1 项
	承担行业企业技术开发委托项目		≥ 1 项
	承办师资培训项目		≥ 1 项
	职业院校师资培训基地		≥ 1 个
	累计到账经费	≥ 100 万	

续表

成果方向	成果名称	国家级	省级
4. 学生成长与发展	职业院校技能大赛学生奖项		≥ 2 项
	学生发表专业学术研究论文	≥ 1 篇	
	“挑战杯”大学生课外学术科技作品竞赛和大学生创业计划竞赛奖项		≥ 2 项
	“互联网 +”大学生创新创业大赛奖项		≥ 1 项
5. 对外交流与合作	国际化课程	≥ 2 门	
	举办或者参加国际学术交流会	≥ 3 次	
	国际化对外培训	≥ 100 人次	
	开展教师提升学历和访问计划	5 人次	
	学生境外实习就业		≥ 3 人
6. 保障体系	制定可持续发展保障制度	≥ 2 项	

五、建设内容与实施举措

（一）加强党的建设，以党建引领专业人才培养

坚持习近平新时代中国特色社会主义思想，深入贯彻落实《国家职业教育改革实施方案》，加强党的领导，把方向、保落实，狠抓立德树人，打造产教融合背景下育人工作新格局，巩固和强化党的建设，实施组织力提升工程，以高水平党建引领专业高质量发展，深化师德师风筑牢工程，构筑师德师风建设长效机制，培育高素质教师队伍。

智慧健康养老管理专业培养体系的融合是关乎专业能否提升办学水平的关键。研究团队主动适应智慧养老行业变革需求，动态了解新趋势、新技术、行业转型升级对高层次应用型智慧健康养老管理人才的新需求。在专业指导委员会的带领下每两年展开行业企业调研、职业岗位（群）能力调研，建立智慧健康养老管理专业人才培养方案的动态优化机制。

升级人才培养质量标准，将新型职业人才培养质量观贯穿专业建设全过程，鼓励学生通过参加职业技能竞赛、挑战杯比赛、学术作品竞赛、“互联网 +”创新创业大赛等各类赛事，打通第一课堂和第二课堂，建立有效连接，培养学生的实践能力、创新创业能力、学术研究能力、职业精神和素养，提高学生岗位胜任能力和社会竞争力。加强人才培养质量的跟踪调查，对每一届毕业生进行就业率、用人单位满意度等方面的调查，实时关注人才培养质量，反馈专业培养定位。

（二）校企共建数字化课程资源，全面植入课程思政元素

对接行业先进标准，引入养老行业新标准、新技术、新规范，联合行业专家、企

业运营管理专家、本科层次职业教育同行，协同开发智慧健康养老管理专业职业本科教学标准，搭建具有社会适用性的课程体系，构建专门面向智慧养老行业培养智慧健康养老管理专业人才的课程资源，建成一批在线开放课程。建设基于专业群的教学资源开发与共享体系，打造成熟的专业平台课体系。在产教融合中贯彻党和国家有关立德树人的要求，立足教学基本规律，以课程思政为抓手，以引入企业优秀文化与发扬职业伦理文化为着力点，将思想政治教育元素植入专业课程，探索智慧健康养老管理人才德育教育新模式。通过课程思政，强化技术伦理、职业道德教育、企业家精神和社会责任意识培养。

（三）遵循智慧健康养老管理人才成长规律，推动教材教法改革

以智慧健康养老管理人才培养方案为基础，融合合作企业的先进业务模式、运营方法、一流的装备技术、多年的校企合作经验和科学规范的人才培养体系，以“1+X”证书制度为载体开发基于业务流程，突出指导作用，能练习、能考核、有标准的新型活页式、工作手册式、立体化教材。吸取德国先进职业教育经验，利用信息化手段打造项目化培训课程，开发企业素质化管理领域的教学标准，深化“基于项目导向、实施任务驱动”教学做一体化的教学方法。

1. 遵循智慧健康养老管理人才成长规律，实施教材教法改革

产教融合，打造“立体化”新形态教材。“立体化”教材是“立体化”课堂的必要补充。围绕专业标准、课程标准，联合行业和业内领先企业，校企“双元”合作开发一批国家规划教材和校企协同开发教材。开发新型活页式、工作手册式教材，并配套设计开发颗粒化分解、结构化设计的信息化资源，保证专业教材随信息技术和产业升级情况及时动态更新。

2. 建立以学习者为中心的理念，开展“智能 + 教育”个性化教学教法研究

建立“以学习者为中心”的培训实训基地，结合课堂数据分析，形成学生实时学习状态画像，进行学生学习情况分析，开展“智能 + 教育”个性化课程教学教法研究，引导学生根据自己的学习兴趣及知识掌握情况，自主、自助规划学习路径，渐进实操，达到学习目标，让数字化课程的教学成为学生自我发展和自我实现的载体。通过智能化的教学管理数据，使评价方式从对“教师、教材、教学”的过度关注转向重视“学习投入、学习过程、学习成果”，切实提高以学习成果为中心的教学质量，形成面向智慧养老管理岗位群课程的教学教法新样板。

3. 形成师生双主体互动的良性循环，沉淀教育教学成果

通过新形态教材的开发以及线上线下“混合式”教学改革的实施，师生在教育教学过程中形成良性循环，智慧健康养老管理专业有望在教学成果奖、精品资源共享课程、教学资源库、规划教材、专业教学标准、课程标准、教学名师、教学团队、学生

竞赛等方面取得省级、国家级奖项的突破。

（四）校企互聘互兼互培，建设高水平、结构化双师队伍

关注专业带头人、教学团队的专业建设、教学、科研、社会服务、国际化服务等多方面能力的提升及发展。提高培训工作的计划性，加大对专业带头人、教学团队专业能力培训的力度与个性化发展的支持。

规范企业兼职教师选聘与使用程序，充分利用学校鼓励引进企业兼职教师的政策，发挥企业兼职教师在特色课程建设、教学资源开发、校内教师专业能力提升等方面的带动作用，在这个过程中培育一批企业骨干兼职教师。

（五）升级实践教学基地，突出教学功能

1. 打造智慧民生产教融合应用体系

整合政府、学校、行业、企业资源，建设以智慧康养、智慧治理为主要特征的“智慧民生产教融合基地”，由企业与学校共同出资，从实训环境营造、实训设备定制、实训系统开发、实训管理融合、实训空间布局 5 个方面，打造集教学、实践、科研、创新创业于一体的智慧康养实训中心和社会治理智慧融合实训中心，对内开展实训实践活动，对外拓展社会实践渠道，加强社会培训。

2. 开发智慧民生产教融合技术体系

一是定制开发基于养老服务的虚拟仿真实训系统，实现真实与情景模拟结合的养老服务工作场景。二是实现实训软件系统与教学资源库系统的有效对接，建立教学辅助系统、社会实践系统、研究支撑系统、产教融合大数据管理系统、产教融合成果管理系统、AI 综合仿真实训平台等系统。

3. 建立智慧民生产教融合评估体系

分析运营过程，总结运营成果，建立基础平台建设内容评估、运营管理评估、实践教学成效评估、学生能力成效评估、技术应用成效评估、行业影响力评估等智慧民生产教融合评估体系。

（六）提升社会服务能力，贯彻终身学习理念

联合协会、养老行业龙头企业、优秀院校等资源，建设校企协同育人平台，为养老企业提供咨询、诊断或培训服务。联合行业龙头企业开展“1+X”证书项目以及养老服务管理人才培训项目。指导 3 ~ 5 家院校开展职业本科建设专业标准等相关工作。

（七）创新产教研融合长效机制，加强科研支撑

为提升智慧健康养老管理专业的科研与社会服务水平，将联合行业协会、养老行

业龙头企业、优秀院校等资源，以协同育人为推手，提升科研能力。

1. 建立提升科研能力的工作与管理机制

科学研究与社会服务是提升人才培养质量、支持专业可持续发展的基础。智慧健康养老管理专业将加大力度强化专业带头人、教研室主任、中青年骨干教师的科研意识与社会服务能力，支持教师通过挂职锻炼、社会兼职、访学、参加高层次学术会议等形式提升科研水平，引入具有较高科研水平或社会服务能力的高层次人才。

2. 落实学术带头人机制及学术团队成果考核

围绕专业培养学术带头人与研究团队，形成适应人才培养需求的研究体系。形成有一定社会服务能力和社会影响力的研究成果，促进每个带头人带领学术团队形成有一定社会影响力、能服务养老行业的研究成果，并对学术团队成果进行考核。

（八）制订质量追踪体系，完善激励约束机制

做好专业建设工作中的相关审查、督导及质量跟踪，逐步形成专业建设质量认证标准。同时将人才培养、专业建设、课程改革、校企合作、社会服务、科研能力提升等纳入教师教育教学工作量的长效激励机制；完善激励和约束机制，促进专业带头人提升专业水平、行业影响力及科研能力，促进专业团队成员在教学能力提高的同时，做到校企联合开展科学研究项目，促进教学团队的专业教学、社会服务及科研水平整体提高。

六、保障机制

（一）建立校企合作长效机制

为了确保本专业职业本科建设工作科学、有序、高效地进行，成立以校领导为核心的项目工作领导小组，设立项目管理办公室，确保本科层次职业教育建设工作科学、有序、高效进行。领导小组负责项目建设的规划、决策、组织、资源筹措与调配、指导、督促等工作。

同时成立以智慧康养学院院长、副院长，专业带头人，教研室主任等为主的项目建设小组，在学校、二级学院统一领导和部署下开展项目建设的相关工作，定期召开会议，协调推进建设项目，确保项目的顺利开展。

（二）建立专业与产业发展同步调整机制

1. 成立项目工作组及建设咨询委员会

为保障项目建设的质量、进度和可持续发展，项目将成立以学院领导为核心，协同紧密合作企业、协会专家成员工作组。其主要职责是督导项目建设内容、建设进度、

建设质量、资金使用、建设效益等内容，保障项目顺利实施，借助外力为项目赋能，邀请中国老龄协会、战略合作企业的专家学者成立项目建设咨询委员会，评审项目建设方案、论证项目建设功能与效用、验收项目成果等。

2. 编制项目建设和运营管理制度

为保障项目建设成效和可持续发展，对项目形成的建设成果编制操作手册、安全管理办法、维护维修管理制度和实践教学注意事项等。

3. 强化制度落实，建立健全管理运行机制

制订职教本科专业建设的实施细则。实施项目负责制，签订《项目管理责任书》，责任落实到人；建立项目管理信息系统，实行信息公开，加强民主监督；建立政企行校联合共建激励机制，对参加共建的行业企业建立配套的人才培养成本分担激励政策；科学编制职教本科专业建设资金预算，杜绝重复建设，严格进行资金监管；开展职教本科专业建设项目全程全面管控，采用关键绩效指标考核法，实施激励机制。

4. 持续诊断改进，建立健全质量保障体系

建立职教本科专业建设诊断与改进制度，研究制订职教本科专业建设各个关键环节的质量标准，形成相应的职教本科专业人才培养质量评价标准、教学创新团队建设标准、企业兼职教师教学质量评价实施办法等，构建职教本科专业质量保证体系，形成导向清晰的职教本科专业评价机制。

（三）组建智慧健康养老管理专业教学团队

智慧健康养老管理专业教学团队是一支结构合理、有想法、愿做事、能协作、行动快的队伍，通过智慧康养学院实践共同体平台，每名教师在发展中都能得到支持和引领，可以充分保证完成建设任务。

具备一个相对稳定的企业兼职教师库，在实践教学方面能提供全方位支持。同时，在专业建设上，由行业协会、企业高管、专家等组成的专业指导委员会，能给专业建设提供明确的方向指引和指导。

实行项目负责人制度，组建包括全体专任教师和骨干兼职教师的团队，划分为多个分项项目小组，具体落实各分项的实施工作。

智慧健康养老管理专业
职教本科试行办法

第一章　总　则

第一条　为做好本科层次职业教育专业设置管理，根据教育部《国家职业教育改革实施方案》《本科层次职业教育专业设置管理办法（试行）》等文件精神特制订本办法。

第二条　本科层次职业教育专业设置应牢固树立新发展理念，坚持需求导向、服务发展，顺应新一轮科技革命和产业变革，主动服务产业基础高级化、产业链现代化，服务建设现代化经济体系和实现更高质量更充分就业需要，遵循职业教育规律和人才成长规律，适应学生全面可持续发展的需要。

第三条　本科层次职业教育专业设置应体现职业教育类型特点，坚持高层次技术技能人才培养定位，进行系统设计，促进中等职业教育、专科层次职业教育、本科层次职业教育纵向贯通、有机衔接，促进普职融通。

第二章　专业设置

第四条　本科层次职业教育专业应遵循教育规律，结合学校学科特点，适应国家经济建设、科技进步和社会发展的需要，符合教育部颁布的本科层次《职业教育专业目录》及有关要求。

第五条　新专业设置应有利于学科之间的交叉、融合渗透，有利于突出优势和特色，有利于增强学校学科整体实力。

第六条　新专业设置应紧紧围绕国家和区域经济社会产业发展重点领域，服务产业新业态、新模式，对接新职业，聚焦确需长学制培养的相关专业。原则上应符合第七条至第十二条规定的条件和要求。

第七条　设置本科层次职业教育专业需有翔实的专业设置可行性报告。可行性报告包括对行业企业的调研分析，对自身办学基础和专业特色的分析，对培养目标和培养规格的论证，有保障开设本专业可持续发展的规划和相关制度等。拟设置的本科层次职业教育专业需与办学特色相契合，符合学校发展规划，所依托专业应是省级及以上重点（特色）专业。

第八条　设置本科层次职业教育专业需有完成专业人才培养所必需的教师队伍，具体应具备以下条件：

（一）所依托专业专任教师与该专业全日制在校生人数之比不低于 1∶20，高级职称专任教师比例不低于 30%，具有研究生学位专任教师比例不低于 50%，具有博士研究生学位专任教师比例不低于 15%。

（二）本专业的专任教师中，“双师型”教师占比不低于 50%。来自行业企业一线的兼职教师占一定比例并有实质性专业教学任务，其所承担的专业课教学任务授课课时一般不少于专业课总课时的 20%。

（三）由省级及以上教育行政部门等认定的高水平教师教学（科研）创新团队，或省级及以上教学名师、高层次人才担任专业带头人，或专业教师获省级及以上教学领域有关奖励两项以上。

第九条 设置本科层次职业教育专业需有科学规范的专业人才培养方案，具体应具备以下条件：

（一）培养方案应校企共同制订，需遵循技术技能人才成长规律，突出知识与技能的高层次，使毕业生能够从事理论课题研究、理论向实践转化，提供中高端服务，能够解决较复杂问题和进行较复杂操作。

（二）实践教学课时占总课时的比例不低于 50%，实验实训项目（任务）开出率达到 100%。

第十条 设置本科层次职业教育专业需具备开办专业所必需的合作企业、经费、校舍、仪器设备、实习实训场所等办学条件：

（一）应与相关领域产教融合型企业等优质企业建立稳定合作关系。积极探索现代学徒制等培养模式，促进学历证书与职业技能等级证书互通衔接。

（二）有稳定的、可持续使用的专业建设经费并逐年增长。专业生均教学科研仪器设备值原则上不低于 1 万元。

（三）有稳定的、数量够用的实训基地，满足师生实习实训（培训）需求。

第十一条 设置本科层次职业教育专业需在技术研发与社会服务上有较好的工作基础，具体应具备以下条件：

（一）有省级及以上技术研发推广平台（工程研究中心、协同创新中心、重点实验室或技术技能大师工作室、实验实训基地等）。

（二）能够面向区域、行业企业开展科研、技术研发、社会服务等项目，并产生明显的经济和社会效益。

（三）专业面向行业企业和社会开展职业培训人次每年不少于本专业在校生人数的 2 倍。

第十二条 设置本科层次职业教育专业需有较高的培养质量基础和良好的社会声誉，具体应具备以下条件：

（一）所依托专业招生计划完成率一般不低于 90%，新生报到率一般不低于 85%。

（二）所依托专业应届毕业生就业率不低于本省域内高校平均水平。

第三章　专业设置

第十三条　申请设置本科层次职业教育专业应以专业目录为基本依据，符合专业设置基本条件，并遵循以下基本程序：

（一）开展行业、企业、就业市场调研，做好人才需求分析和预测。

（二）在充分考虑区域产业发展需求的基础上，结合学校办学实际，进行专业设置必要性和可行性论证。设置本科层次职业教育专业总数不超过学校专业总数的 30%，本科层次职业教育专业学生总数不超过学校在校生总数的 30%。

（三）根据国家有关规定，提交相关论证材料，包括学校和专业基本情况、拟设置专业论证报告、人才培养方案、专业办学条件、相关教学文件等。

（四）专业设置论证材料经学校官网公示后报省级教育行政部门。

（五）省级教育行政部门在符合条件的高校范畴内组织论证提出拟设专业，并报备教育部，教育部公布相关结果。

第四章　专业建设

第十四条　学校和学院要充分认识专业建设的极端重要性和紧迫性，应确保人力、财力的投入，加强专业内涵建设，提升专业水平，形成特色专业体系。

第十五条　专业建设的内容包括专业人才培养目标定位、师资队伍建设、课程与教材建设、实验室与实习基地建设、教学改革与人才培养模式改革、教学质量监控、教学效果与社会认可等。

第十六条　专业建设实行专业负责人制度。须设立统一的专业建设指导委员会，成员由 5～7 名专家组成，专业负责人任委员会主任，专业应根据自身特点聘请 1～2 名校外实务部门专家。专业负责人和专业建设指导委员会全面负责本专业的建设工作。

第十七条　各专业建设委员会的工作经费（含专业负责人专项津贴）由学院从本院业务经费中专项列支。

第十八条　专业负责人由专业所在学院公开选拔聘用。选聘程序为：学院成立专业负责人考核聘任工作小组，工作小组对候选人进行全面考察后确定专业负责人选，报学校教务处审核，由学校发文聘任。专业负责人聘期一般为 4 年，聘任期满考核合格后可续任。

第十九条　专业负责人需具备以下基本条件：

（一）副高及以上职称；

（二）教学经验丰富，担任 5 年以上本专业主干课程教学工作；

（三）具有较高的学术水平和学术地位；

（四）熟悉本专业发展动态、能准确把握专业发展方向；

（五）具有较强的服务意识和组织管理能力，具备改革和创新精神。

第二十条 专业负责人的职责：

（一）负责每 4 年制订一次本专业的建设规划及年度工作计划；

（二）负责组织制订（修订）本专业人才培养方案、课程教学大纲等教学文件；

（三）负责向学院提出本专业师资队伍建设、课程建设、教材建设、实习基地建设、教育教学研究与改革、人才培养模式改革等方面的意见和建议；

（四）监督培养方案、教学大纲执行情况，负责向分管教学院长反映本科层次职业教育人才培养（含课堂教学与实践培养）中存在的问题，并提出相应对策；

（五）负责专业建设委员会工作经费使用。

第二十一条 专业负责人的考核工作每两学年一次，考核具体细则与程序依照教务处规定，专业负责人考核不合格的，由学院重新选聘。

第五章 专业评估

第二十二条 学院按学校教务处颁布的专业评估办法对各专业进行评估（新开设的专业将在招生 4 年后进行首次评估），专业评估的内容包括：专业建设规划、师资队伍建设、培养方案执行情况、课程及教材建设成果、教学条件利用情况、招生情况、学生就业情况、生均经费投入情况等，并根据评估结果对专业设置进行调整。学院每年根据专业发展情况及各专业的师资、招生、就业状况确定专业招生指标。

第二十三条 评估结果不合格的专业将发布预警并责令整改；对连续两次评估结果不合格的专业、首次评估结果不合格的新专业将暂停招生。

第二十四条 暂停招生的专业，整改完毕后向本科层次职业教育专业设置委员会提交整改报告，审议通过后方可继续招生。其程序参照本科层次职业教育专业设置的原则和程序办理。如不能通过则予以停办。

第二十五条 新增专业的招生指标一般为一个建制班人数 40 人，新增专业方向的招生指标则在原专业招生数基础上适当增加。

第二十六条 有以下情况的专业将核减其下年度招生指标：

（一）师资力量、办学条件严重不足，培养方案调整变动过于频繁，无法完成开课任务的；

（二）近 3 年招生调剂率连续居前的；

（三）近 3 年毕业生年终就业率连续居后的。

第二十七条 专业建设成效显著、生源质量高、就业率高的专业将在上年度指标的基础上适当增加。

第二十八条 本办法由智慧康养学院负责解释，自正式公布之日起施行。

智慧健康养老管理专业
教学标准

一、专业基本信息

专业名称：智慧健康养老管理

专业代码：390302

入学要求：普通高中毕业生及同等学力者

修业年限：基本学制为 4 年。实行学分制，弹性学制为 3 ~ 6 年。

二、职业面向

所属专业大类	公共管理与服务大类（39）
所属专业类（代码）	公共服务类（3903）
对应行业（代码）	养老服务（9411）
主要职业类别（代码）	营养师（4–14–02–01） 老年人能力评估师（4–14–02–05） 养老护理员（4–10–01–05）
主要岗位	照护主管、智慧管家主管、采购主管、产品主管、产品研发岗、技术培训岗、养老机构运营与管理岗
职业技能等级证书	1+X 老年照护职业技能等级证书 1+X 失智老年人照护职业技能等级证书 养老护理员 公共营养师 健康管理师

三、培养目标与规格

（一）培养目标

本专业培养德、智、体、美、劳全面发展，拥有良好职业道德和养老服务管理理念，掌握智慧养老服务基本知识和基本技术，具有爱心、责任心、服务意识、奉献精神，具备学术能力、专业理论架构及研究能力，具有人文情怀、较强实践能力和创新创业能力，能够满足国内外公办养老机构、民办养老机构、社区养老服务单位、养老产业等相关机构要求，面向健康养老产业和行业企业服务、管理、照护等岗位，能够胜任老年健康监测与照护、智慧健康养老管理、养老产品营销、安宁照护等工作，适应养老服务产业发展新趋势、养老新模式、老年人新需求的养老服务管理中高端应用型人才。

（二）培养规格

1. 素质要求

思想道德素质方面：热爱祖国，拥护中国共产党的领导，掌握马列主义和中国特色社会主义理论体系，树立正确的世界观、人生观和价值观，爱国、诚信、友善、守法；具有高度的法治精神、社会责任感和积极的人生态度；尊老敬老，爱岗敬业，吃苦耐劳，具有创新精神和团队合作精神，遵守职业道德，依法从事专业工作。

文化素质方面：具备良好的文学、历史、哲学、艺术及科学素养，传承中华民族优秀文化；具备应用语言文字，清晰地进行信息、思想、感情的传递、表达和交流的能力；具有一定的国际视野和跨文化交流的能力。

身体心理素质方面：身心健康，人格健全，具有完整的生理、心理状态和较强的社会适应能力；交际交往符合规范礼仪；具有体育卫生和运动保健素养；树立自觉锻炼、终身锻炼身体的意识；具备健康的体魄，体能达到国家体质测试标准。

专业素质方面：具有“尊老敬老、以人为本、爱岗敬业、爱心奉献”的职业道德，热爱社会主义老年福利事业，具有为智慧健康养老事业努力奋斗的奉献精神和敬业精神；具有一定的抽象思维、形象思维和逻辑思维能力，善于独立思考，发现新问题、研究新情况、提出新观点，能用所学的专业知识解决提出的问题，学以致用；具有一定的服务意识、市场意识、法律意识和政策意识；具有终身学习的意识和能力；对自身有明确的职业规划。

2. 知识要求

学科基础类知识：掌握老龄化的基本理论与实践方法，了解人体结构与机能，熟悉老年人服务礼仪与沟通技巧，能够将孝道文化、老年人服务伦理、老年政策法规和标准以及老年社会工作的基本方法和理念运用到实践中；对养老行业具备自我见解且熟悉养老行业及产品运营特点。

专业核心类知识：能够掌握岗位核心能力要求中的老年人评估技术、老年人服务规划与管理；能够具备对老年人进行生活照护、心理照护、康复等专业照护技能；根据课证融合的理念，能够掌握失智症照护基础实务；能够熟悉社区居家养老服务与管理、养老机构运营与管理、综合型养老企业运营与管理等。

专业拓展知识：根据养老行业的要求，熟悉老年人健康监测与管理、老年人慢性病管理与照护、安宁照护；根据养老产业的发展，熟悉适老活动策划与组织、老年人辅助器具应用与开发、老年产品及营销、适老化设计与改造等。

3. 能力要求

（1）具有营造良好的沟通氛围、采用适宜的方法及技巧与老年人进行沟通的能力；

（2）具有老年人日常照护、营养指导、康复照护、心理抚慰、健康宣教、能力评估等服务的能力；

（3）具有对养老护理员进行培训及技术指导的能力；

（4）能够开展养老机构行政管理、文秘宣传信息等工作的能力；

（5）具有运营及管理老年服务机构的能力；

（6）具有老年人健康管理、活动策划和组织实施的基本能力；

（7）具有一定的养老服务行业就业能力和创业能力；

（8）具备以互联网、大数据及物联网为核心的创新性思维能力，了解“互联网+”环境下各种平台的操作与运营，具备通过网络平台获取创业创新资源的能力，具有对养老行业新知识、新技术、新工艺的敏感度和探究学习的意识。

四、课程设置及学时安排

（一）通识教育课程

根据党和国家有关文件规定，将思想道德修养与法律基础、马克思主义基本原理概论、中国近现代史纲要、毛泽东思想和中国特色社会主义理论体系概论、形势与政策、军事理论、大学体育、大学英语、大学生信息技术基础、大学语文、应用文写作、大学生心理健康教育、大学生职业生涯规划与指导、劳动教育、专业发展指导等列入必修课或选修课。

（二）专业教育课程

专业课程一般包括专业基础课程和专业核心课程，并涵盖有关实践性教学环节。主要包括以下教学内容。

1. 专业基础课程

专业基础课程一般设置6～10门。包括：生理学基础、人体解剖学、智慧健康养老服务与管理概论、老年人照护基础、老年人沟通与服务礼仪、老年人心理慰藉实务、老年社会工作（养老机构方向）、社会学概论等。

2. 专业核心课程

专业核心课程一般设置6～10门。包括：老年常见慢性病管理、老年人照护技能、老年人康复与训练、老年人营养与膳食保健、智慧养老机构管理与实务、老年人风险防范及处理、智慧养老产业经营与管理等。专业核心课程主要教学内容如下表所示。

专业核心课程主要教学内容

序号	专业核心课程名称	主要教学内容
1	老年常见慢性病管理	老年人各系统常见疾病预防和护理；临床护理；老年人的生理健康、心理健康及生活健康指导
2	老年人照护技能	老年人健康评估方法；老年人照护环境设计与要求；老年人照护技术；智慧医疗应用
3	老年人康复与训练	老年人康复护理评定；基本康复治疗手段；老年人神经系统疾病康复护理；骨关节肌肉疾病康复护理；慢性内科疾病康复护理
4	老年人营养与膳食保健	营养基础知识；健康人营养；疾病营养
5	智慧养老机构管理与实务	养老服务机构管理；组织能力、策划能力、管理能力、协调能力、决策能力、控制能力的培养
6	老年人风险防范及处理	老年人护理常见风险防范，如安全风险、护理操作风险、沟通交流风险等；常见风险因素及防控措施；养老机构老年人护理风险防控
7	智慧养老产业经营与管理	智慧养老产业概述；智慧养老产业发展趋势和方向；前沿智慧养老产业信息和政策

（三）主要实践教学环节

1. 专业实践

主要包括自理照护技能、安宁照护技能、老年护理常见风险防范等。

2. 专业综合能力实践

主要包括健康与养老产业创新创业教育、养老机构日常运营管理等。

3. 企业实践环节

顶岗实习主要是根据学生职业生涯规划确定的相关工作岗位，进行养老机构的管理或智慧健康养老管理业务服务工作的实习。顶岗实习可由学校组织，也可由学生提出申请，经学校同意后自由选择顶岗实习单位。

4. 毕业论文（设计）环节

毕业设计项目在第二学年或学生选择专业能力模块学习后开始布置并逐步完成，共8学分。毕业设计是人才培养方案中最为重要的组成部分，是培养学生综合运用所学的基础理论、基本知识、基本技能及分析与解决实际能力的一个重要环节，是四年中各教学环节的继续深化和检验。它的综合性和实践性是其他教学环节不能替代的。通过毕业设计，能使学生得到技术技能型人才所必需的综合技能训练，在不同程度上，提高学生独立工作能力及分析解决问题的能力，是学生走向工作岗位的一次“实践锻炼”。

（1）毕业设计课题大部分要求来源于真实和可操作的实际项目，能解决实际问题。要强化选题的真实性、专业性和综合性。毕业论文（设计）不得以实习总结、实习报告等形式替代。

（2）要求每生至少一个项目，独立完成，需要多名学生合作研究的项目，要求每名学生均参加总体设计，并明确应独立完成的任务，项目组一般不超过 3 人。

（3）选派专业教师、企业教师共同指导跟进。

（4）毕业论文（设计）考核管理方案按学校要求执行。

（四）相关要求

学校应统筹安排各类课程设置，注重理论与实践一体化教学；应结合实际，开设安全教育、社会责任、绿色环保、管理等方面的选修课程、拓展课程或专题讲座（活动），并将有关内容融入专业课程教学；将创新创业教育融入专业课程教学和相关实践性教学；自主开设其他特色课程；组织开展德育活动、志愿服务活动和其他实践活动。

（五）非课程型拓展项目

类别	项目名称	学分	获得学分的条件及说明
人文素质	参加学校或二级学院举办的各种学术、科技专题讲座	2.0	0.5 分 / 次，最高 1.5 分，二级学院、教务处证明
	参加学校或二级学院举办的各种专题讲座	1.5	0.5 分 / 次，最高 1.5 分，二级学院证明
	参加二级学院专题演讲成绩良好	1.0	二级学院组织的专题比赛，学院证明
	参加全校性专题演讲三等奖以上	1.0	参加全校性专题演讲比赛，教务处证明
	音乐欣赏会或高桌晚宴 1 次以上	0.5	参加学校组织的相关活动，教务处证明
体育技能	校内体育比赛三等奖以上	0.5	获奖证书
	省级体育比赛三等奖以上	1.0	获奖证书
社会实践	“三下乡”社会调查实践、活动	0.5	社会调查报告署名前 2 名
	志愿者、社会公益活动 2 次以上	1.0	学生处证明
原创性和特色的毕业作品	案例分析、项目策划、产品设计、文学作品、艺术创作、调查报告等其中一项成绩优秀	1.0	二级学院证明
学科竞赛	国家级老年护理类职业技能竞赛、创业大赛	2.0	获奖证明
	省级老年护理类职业技能竞赛、创业大赛	2.0	获奖证明
	校级、市级老年护理类职业技能竞赛、创业大赛	1.0	获奖证明
	系、二级学院学科竞赛	0.5	参赛证明
技术创新开发	国家级大学生创新创业项目	2.0	立项完成、排名前 5 名
	省级大学生创新创业项目	2.0	立项完成、排名前 3 名
	校级大学生创新创业项目	1.0	立项完成、排名前 3 名

续表

类别	项目名称	学分	获得学分的条件及说明
发明专利	发明专利授权前三、实用新型专利	2.0	专利证书
	外观设计专利为第一授权人	1.0	专利证书
发表论文	公开发表专业学术论文	2.0	独撰或第一作者；核心期刊包括第二、第三作者
		1.0	一般期刊含第二、第三作者

注：1. 非课程型项目科学竞赛、技术创新开发，可根据专业实际情况补充调整；

2. 各种学术、科技专题讲座，指参加关于安全教育、军事理论、节能减排、绿色环保、金融知识、社会责任、人口资源、海洋科学、管理等人文素养及科学素养方面的专题讲座；

3. 非课程型拓展学分认定不少于 5 分。

（六）学时安排

课内总学时原则上控制在 2100 ~ 2300 学时，总学时控制在 3000 学时左右，通识教育课程学时一般不少于总学时的 25%，实践性教学学时原则上不少于总学时的 50%，实验实训项目（任务）开出率达到 100%。每 16 ~ 18 学时折算 1 学分，总学分为 165 ± 5 学分；获得非课程型拓展项目要求 5 学分。实习累计时长一般为 6 个月，可根据实际集中或分阶段安排实习。

五、教学基本条件

（一）师资

1. 队伍结构

学生人数与本专业专任教师人数比例不高于 20 : 1，高级职称专任教师比例不低于 30%，具有研究生学位专任教师比例不低于 50%，具有博士研究生学位专任教师比例不低于 15%。在本专业的专任教师中，双师素质教师占专业教师比例不低于 50%。专任教师队伍要考虑职称、年龄，形成合理的梯队结构。一般可以以综合性智能硬件项目作为教学载体组建模块化教学团队，基础性课程由具有专业背景的校内专任教师主讲，实践性课程主要由企业、行业技术技能骨干担任的校外兼职教师讲授为主。

2. 专业带头人

（1）建立校内专业带头人标准。由省级及以上教育行政部门等认定的高水平教师教学（科研）创新团队，或省级及以上教学名师、在本区域或本领域具有一定专业影响力的高层次人才担任专业带头人。

（2）建立校外专业带头人标准。校外专业带头人应对专业领域的前沿有切身的体验、对职业教育要有透彻的理解、对职业教育的教学要有准确的把握。其职责包括：

产学合作项目的推进、教师的企业轮训及访问工程师工作、学生企业顶岗实习的落实、参与实践课程指导与实践环节的考核评价实施与管理；在专业课程设置和调整时对市场需求作出调研及评估；参与兼职教师的推荐、考核及管理等；实践教学改革的设计规划，实验实训室建设规划，指导实验、实践课教学，参与实验教材编写或审核；主持开展校企合作应用型课题的申报与实施等。

3. 专任教师

本专业专任教师具有高校教师资格，具有坚定的理想信念、高尚的道德情操、扎实的专业素养、良好的敬业精神，具有较强的教学改革意识、教学创新能力、信息技术应用能力，具有较强的科学研究、社会服务和技术转化能力，至少有 10% 比例的专业教师获省级及以上教学领域有关奖励两项以上；具有一定的企业实践经历，具有相应的职业资格证书，能及时把握新技术发展趋势。专任教师每 5 年累计下企业实践经历均超过 6 个月。

4. 兼职教师

兼职教师主要从养老相关行业企业聘任优秀专家和能手，具备良好的思想政治素质、职业道德和工匠精神，具有较扎实的专业知识和丰富的工作经验，能承担专业核心课程的讲座、技能操作及授课任务，学时数比例达 50% 左右。

（二）教学设施

教学设施主要包括能够满足正常的课程教学、实习实训所需的专业教室、校内实训室和校外实训基地等。

1. 专业教室基本要求

专业教室一般配备黑（白）板、多媒体计算机、投影设备、音响设备，互联网接入或 Wi-Fi 环境，并实施网络安全防护措施；安装应急照明装置并保持良好状态，符合紧急疏散要求，标识明显，保持逃生通道畅通无阻。

2. 校内实训室基本要求

（1）康复护理实训室。康复护理实训室应配备 PT 训练床、PT 凳、手动站立床；平衡板、平行杠；功率自行车；系列哑铃（卧式）、支撑器、四角拐、手拐、肘拐、腋拐、双轮助行器；上肢功能练习器、下肢康复训练器；肋木、肩梯；腕部功能训练器、股四头肌训练椅、多功能悬吊、多功能关节活动测量表、测角计、握力计、计步器、活动平板、简易上肢功能评价器等；用于体位转换训练、转移训练、呼吸训练、人体形态评定、肌力评定、关节活动范围的评定、步态分析、反射发育评定等课程的教学与实训。

（2）营养配餐实训室。营养配餐实训室应配备高清数字视频展台、营养配餐实训专用电脑、身高体重仪、皮褶厚度计、电子天平、中西医结合营养治疗计算机专家系统、膳食分析与营养评价系统（营养师版）、智能营养配餐系统、人体成分分析仪、电子血压计等；用于评定个体营养状况，人体成分分析，大学生等的膳食结构调查，婴幼儿、青少年、中老年等正常人群的营养配餐与设计，高血压、糖尿病等常见慢性疾病人群的营养配餐与设计等课程的教学与实训。

（3）老年心理咨询与治疗实训室。老年心理咨询与治疗实训室应配备老年心理健康自助服务系统、老年音波催眠放松系统、智能体感放松系统、心理健康服务管理平台、老年放松引导关怀系统、虚拟沙盘分析系统、心理沙盘、沙发、茶几、活动桌椅、健康宣教书籍、书架、风铃、储物柜、电脑、文化框等；用于完成心理健康教育、心理健康测评、心理出访接待、心理辅导技术、老年心理照护、老年服务伦理等课程的教学与实训。

（4）社会工作实训室。社会工作实训室应配备多媒体教学系统、采录编监控系统、社工实训软件系统、心理测评软件系统、沙发、茶几、会议桌、会议椅、空调、单面镜、电脑、办公桌等；用于开展个案工作技巧训练、小组工作活动方案设计及角色扮演和进行老年社会工作的策划、组织、过程控制、活动开展、评估等课程的教学与实训。

（5）居家社区养老实训室。居家社区养老实训室应配备社区居家养老管理系统、营养膳食配餐管理系统、电脑、食物模型、膳食宝塔、食物模型展示柜、厨房组合柜、陪伴机器人、马桶、马桶扶手、台盆、洗漱用具、扶手展示墙、淋浴器、沐浴椅、按摩凳、经络穴位模型、耳穴模型、按摩足模型、治疗盘、治疗车、柜子、艾灸仪等；用于开展社区居家生活模拟、社区居家护理、适老化环境设计与改造等课程的教学与实训。

3. 校外实训基地基本要求

校外实训基地应与相关领域产教融合型企业等优质企业建立稳定合作关系，具有稳定的校外实训基地，能够开展老年人照护、老年人心理疏导、养老机构管理、养老产品研发等实训活动，实训设施齐备，实训岗位、实训指导教师确定，实训管理及实施规章制度齐全。

4. 学生实习基地基本要求

应具有稳定的校外实习基地；有稳定的、可持续使用的专业建设经费并逐年增长，专业生均教学科研仪器设备值原则上不低于 1 万元；能提供老年人照护、老年人心理疏导、养老机构管理、养老产品研发等相关实习岗位，能涵盖当前相关产业发展的主流技术，可接纳一定规模的学生实习；能够配备相应数量的指导教师对学生实习进行指导和管理；有保证实习生日常工作、学习、生活的规章制度，有安全、保险保障。

5. 支持信息化教学方面的基本要求

应具有可利用的数字化教学资源库、文献资料、常见问题解答等信息化条件；鼓励教师开发并利用信息化教学资源、教学平台，创新教学方法，引导学生利用信息化教学条件自主学习，提升教学效果。

（三）教学资源

教学资源主要包括能够满足学生专业学习、教师专业教学研究和教学实施所需的教材、图书文献及数字教学资源等。

1. 教材选用基本要求

教材选用应体现本科层次职业教育的高等性以及把握职业教育属性，围绕职业岗位需要，重点使用具有鲜明特色和创新性、实践性的应用型精品教材和校企开发规划或职业教育类教材。鼓励参考使用职业教育立体化教材，具备 AR 增强现实技术的教材、"互联网 +"创新型教材、具备云课堂互动教学平台的教材。做到专业教材随信息技术发展和产业升级情况及时动态更新，及时将新技术、新工艺、新规范纳入课程标准和教学内容，引入典型生产案例，体现教学内容的高层次性。与行业企业合作开发实训教材，开发活页式、工作手册式新形态教材。

2. 图书文献配备基本要求

本专业应建设、配备与专业相关的音频素材、教学课件、数字化教学案例库、模拟仿真软件、数字教材等专业教学资源库，种类丰富、形式多样、使用便捷、动态更新，能较好地满足教学要求。积极引入企业标准，建设针对产业发展需要和用户个性化需求的特色性、前瞻性资源。建设各级各类专业培训资料，服务于全社会学习者的技术技能培训；开发符合相关标准的职业技能等级证书培训资源和课程，支持学习者通过资源库学习，获取多类职业技能等级证书。

3. 数字教学资源配置基本要求

本专业需大力推进人工智能背景下教学方法与手段的转型。以学习者为中心，构建自主、广泛、个性化学习的教学模式，普及线上线下混合式教学模式。利用互联网和数字校园为学生提供开放式、互动式网络学习平台，通过建设专业核心课程的网络课程，建设数字图书馆和老年服务与管理类专题学习网站，进一步丰富该专业的教学资源。重视教材开发的立体化、数字化、多样化和开放化，开发微课和社区课程，满足学生多样化的学习需求。

六、质量管理

教学质量监控是保证教学质量不断提高的重要手段，需厘清本专业的办学定位与办学思路，制订符合老龄产业的创新人才培养模式，确立专业人才培养目标，加强专业建设、课程建设、实习实训基地建设、教学团队建设、师资队伍建设，把控教学管理、课程设计、毕业设计、顶岗实习、职业资格能力、毕业生质量等各个方面。

（一）质量管理途径

一是通过日常的教学检查，教学过程的常态监测，开学初、期中和期末的定期检查，教师教学信息反馈和学生学习信息反馈等渠道，及时了解和掌握教学中存在的问题，并及时寻求对策，进行纠正和调控。

二是对所有教学活动、教学环节、教材选取、教研教改方案等进行随机性的检查督导。

三是对课堂教学、实践教学、教学常规管理、教学质量检测、专业与行业企业对接交流、顶岗实习、毕业生就业质量等方面的工作进行专项目标监控评价。

（二）质量管理方式

一是通过专项检查、不定期抽查等手段，有目的、有计划地对教师的教学态度、教学水平和专业实践能力，学生专业技能的掌握和综合素质的提高进行监控与评价。

二是根据设计好的访谈问题或提纲，通过个别谈话、集体座谈、专题研讨等方式，有目的、有计划地了解学生学习情况，教师教学情况。

三是通过书面问卷调查形式、对学生家长进行问卷调查等方法，有目的、有计划地了解学生学习情况，了解对教师教学情况等相关内容的评价反馈。

四是以教学班级为单位建立教学信息员制度，加强对教学工作的信息反馈，及时了解教师和学生教与学的状况，进一步完善教学质量保障体系，充分发挥学生参与教学管理和自我管理、自我教育的主体作用。

五是建立毕业生跟踪反馈机制。建立毕业生跟踪反馈以及社会评价体系，对人才培养目标实现度进行定期评价，应用科学方法对反馈数据进行系统分析，作为质量改进的主要依据。

六是建立持续改进工作机制。建立质量管理持续改进工作机制，及时将教学质量监控结果、毕业生跟踪反馈结果和社会评价结果，用于完善专业人才培养方案和改进教学方法，形成闭环结构，促进专业建设质量持续提高。

智慧健康养老管理专业人才培养方案

一、专业基本信息

专业名称：智慧健康养老管理

专业代码：390302

入学要求：普通高中毕业生及同等学力者

修业年限：基本学制为 4 年。实行学分制，弹性学制为 3～6 年

授予学位：符合规定条件的，授予管理学学士学位

二、职业面向

（一）职业面向

所属专业大类	公共管理与服务大类（39）
所属专业类（代码）	公共服务类（3903）
对应行业（代码）	养老服务（9411）
主要职业类别（代码）	营养师（4-14-02-01） 老年人能力评估师（4-14-02-05） 养老护理员（4-10-01-05）
主要岗位	照护主管、智慧管家主管、销售主管、采购主管、产品主管、初级讲师
职业技能等级证书举例	1+X 老年照护职业技能等级证书 1+X 失智老年人照护职业技能等级证书 养老护理员 公共营养师 健康管理师

注：实行 1+2 证书制度，即学生获得学历证书（修满本培养方案规定的学分）并同时获得表中 1～2 个技能等级证书。

（二）毕业生职业发展路径

发展阶段	养老服务		互联网运营				培训	一般发展年限	
	照护	客服	市场销售	运营	行政后勤	产品研发		高职	职教本科
Ⅳ	照护主任	健康管家总监	销售总监	运营总监	采购总监	研发总监	高级讲师	5～8 年	4～7 年
Ⅲ	* 照护主管	健康管家经理	销售经理	运营经理	采购经理	产品经理	中级讲师	3～5 年	2～4 年

续表

发展阶段	养老服务		互联网运营				培训	一般发展年限	
	照护	客服	市场销售	运营	行政后勤	产品研发		高职	职教本科
Ⅱ	照护组长	* 健康管家主管	* 销售主管	* 运营主管	* 采购主管	* 产品主管	* 初级讲师	1 ~ 3 年	1 ~ 2 年
Ⅰ	照护员	健康管家	业务员	运营专员	采购专员	产品专员	助教	0.5 ~ 1 年	0.5 年

注："*"为本科层次职业教育目标培养岗位。

（三）典型工作任务与职业能力分析

根据本专业照护主管、健康管家主管、销售主管、运营主管、采购主管、产品主管、初级讲师的目标培养岗位，运用头脑风暴、文献研究、咨询专家、问卷调查、案例研究等方法，开展行业企业专家研讨，获得 14 个典型工作任务，以及 67 个工作项目、206 个工作任务、777 条职业能力。典型工作任务见下表，职业能力分析表见附表一。

智慧健康养老管理专业典型工作任务一览表

序号	典型工作任务	对应职业能力（技能、工具、方法、要求、知识）	备注
1	日常生活照料	02–01、04–01、12、01–01、01–03、01–04、02–02、01–05	具体详见《附表一：职业能力分析表》
2	老年人健康教育	02	
3	老年人健康监测	01–02、19	
4	老年人康复训练指导	01–06	
5	安宁照护	06	
6	社会支持	04	
7	老年人安全管理	07.05	
8	心理慰藉	03–01、13	
9	养老服务成本管控	44.46、43、11、17、45	
10	养老供应链信息管理	48.36、47	
11	养老产品营销	25.55、58、28、53、23、24、52、29、32、39、54、27、59、30、21、22、51	
12	养老服务管理	10.61、60、35、31、14、65、09、64、62、08、34、33	
13	智能养老服务	15.38、49、26、16	

三、培养目标与规格

（一）培养目标

本专业培养德、智、体、美、劳全面发展，拥有良好职业道德和养老服务管理理念，掌握智慧养老服务基本知识和基本技术，具有爱心、责任心、服务意识、奉献精神，具备学术能力、专业理论架构及研究能力，具有人文情怀、较强实践能力和创新创业能力，能够满足国内外公办养老机构、民办养老机构、社区养老服务单位、养老产业等相关机构要求，面向健康养老产业和行业企业服务、管理、照护等岗位，能够胜任老年健康监测与照护、智慧健康养老管理、养老产品营销、安宁照护等工作，适应养老服务产业发展新趋势、养老新模式、老年人新需求的养老服务管理中高端应用型人才。

（二）培养规格

1. 素质要求

思想道德素质方面：热爱祖国，拥护中国共产党的领导，掌握马列主义和中国特色社会主义理论体系，树立正确的世界观、人生观和价值观，爱国、诚信、友善、守法；具有高度的法治精神、社会责任感和积极的人生态度；尊老敬老，爱岗敬业，吃苦耐劳，具有创新精神和团队合作精神，遵守职业道德，依法从事专业工作。

文化素质方面：具备良好的文学、历史、哲学、艺术及科学素养，传承中华民族优秀文化；具备应用语言文字，清晰地进行信息、思想、感情的传递、表达和交流的能力；具有一定的国际视野和跨文化交流的能力。

身体心理素质方面：身心健康，人格健全，具有完整的生理、心理状态和较强的社会适应能力；交际交往符合规范礼仪；具有体育卫生和运动保健素养；树立自觉锻炼、终身锻炼身体的意识；具备健康的体魄，体能达到国家体质测试标准。

专业素质方面：具有“尊老敬老、以人为本、爱岗敬业、爱心奉献”的职业道德，热爱社会主义老年福利事业，具有为智慧健康养老事业努力奋斗的奉献精神和敬业精神；具有一定的抽象思维、形象思维和逻辑思维能力，善于独立思考，发现新问题、研究新情况、提出新观点，能用所学的专业知识解决提出的问题，学以致用；具有一定的服务意识、市场意识、法律意识和政策意识；具有终身学习的意识和能力；对自身有明确的职业规划。

2. 知识要求

学科基础类知识：掌握老龄化的基本理论与实践方法，了解人体结构与机能，熟悉老年人服务礼仪与沟通技巧，能够将孝道文化、老年人服务伦理、老年人政策法规和标准以及老年社会工作的基本方法和理念运用到实践中。

专业核心类知识：能够掌握岗位核心能力要求中的老年人评估技术、老年人服务规划与管理；能够具备对老年人进行生活照护、心理照护、康复等专业照护技能；根据课证融通的理念，能够掌握失智症照护基础实务；能够熟悉社区居家养老服务与管理、养老机构运营与管理、综合型养老企业运营与管理等。

专业拓展知识：根据养老行业的要求，熟悉老年人健康监测与管理、老年人慢性病管理与照护、安宁照护；根据养老产业的发展，熟悉适老活动策划与组织、老年人辅助器具应用与开发、老年人产品及营销、适老化设计与改造等。

3. 能力要求

（1）具有营造良好的沟通氛围、采用适宜的方法及技巧与老年人进行沟通的能力；

（2）具有老年人日常照护、营养指导、康复照护、心理抚慰、健康宣教、能力评估等服务的能力；

（3）具有对养老护理员进行培训及技术指导的能力；

（4）能够开展养老机构行政管理、文秘宣传信息等工作的能力；

（5）具有运营及管理老年服务机构的能力；

（6）具有老年人健康管理、活动策划和组织实施的基本能力；

（7）具有一定的养老服务行业就业能力和创业能力；

（8）具备以互联网、大数据及物联网为核心的创新性思维能力，了解“互联网 +”环境下各种平台的操作与运营，具备通过网络平台获取创业创新资源的能力，具有对养老行业新知识、新技术、新工艺的敏感度和探究学习的意识。

四、课程设置及要求

（一）通识教育课程

1. 思想道德修养与法律基础

学时：48　学分：3

通过对思想道德教育与法律基础知识的学习，使学生具有强烈的社会责任感，明确的职业理想和良好的职业道德及较强的法纪观念，遵纪守法，品行端正，讲公德，守纪律，吃苦耐劳，乐于奉献。

2. 马克思主义基本原理概论

学时：48　学分：3

通过本课程的教学，帮助学生较系统地掌握马克思主义的基本理论，树立正确的世界观、人生观和价值观，提高运用马克思主义立场、观点和方法分析问题、解决问题的能力，为中国特色社会主义建设服务。

3. 中国近现代史纲要

学时：32　学分：2

本课程主要从宏观上对中国近现代史各个时期进行分析、总结，着力阐明近现代中国历史的发展规律，总结历史发展的基本经验、教训。在了解国史、国情的基础上，深刻领会历史和人民怎样选择了马克思主义、怎样选择了中国共产党、怎样选择了社会主义道路。培养大学生运用马克思主义的立场、观点和方法分析及解决历史问题的能力。

4. 习近平新时代中国特色社会主义思想概论

学时：48　学分：2.5

通过本课程的学习，使学生正确认识当前形势下的国情世情党情，提高辨析能力和探究能力；学会运用马克思主义的立场、观点和思维认识问题、分析问题和解决问题；引导学生增强“四个意识”、坚定“四个自信”、做到“两个维护”，担当民族复兴大任。

5. 毛泽东思想和中国特色社会主义理论体系概论

学时：80　学分：5

通过对毛泽东思想、邓小平理论、“三个代表”重要思想、科学发展观和习近平新时代中国特色社会主义思想的学习，使学生具有坚定的政治方向，拥护中国共产党的领导，坚持走社会主义道路，热爱社会主义祖国，具备良好的思想政治素质。

6. 形势与政策

学时：32　学分：2

通过对形势与政策的学习，使学生了解国内外大事、要事，增强对社会发展趋势预测的能力，更好地适应社会的发展和要求。

7. 军事理论

学时：16　学分：1

本课程以国防教育为主线，要求掌握基本的军事理论、军事知识，增强国防观念和国防安全意识，强化爱国主义观念，促进大学生综合素质提高，为中国人民解放军训练后备兵员和预备役军官打好基础。

8. 大学体育

学时：64　学分：4

增强学生体质，增进健康，全面提高学生的体能和对环境的适应能力，促进身心的全面发展。使学生掌握体育的基本理论知识，建立正确的体育观念，掌握科学锻炼身体的技能，培养学生终身体育锻炼的意识和良好习惯。培养学生爱国主义和集体主义的思想品德，引导学生树立正确的体育观及勇敢顽强、团结进取、开拓创新的精神风貌。

9. 大学英语

学时：144　学分：9

本课程培养学生较强的听、说、读、写的能力，使其能以英语为工具，获取专业所需信息，具备一定的翻译基础。

10. 大学生信息技术基础

学时：48　学分：3

该课程是一门培养大学生计算机应用能力与信息素养的课程，通过该课程的学习，要求学生了解计算机应用的基础知识，掌握主流操作系统的操作应用，熟练使用 Office 办公软件套件的相关技能，熟悉基本的互联网应用，并具备信息安全、数据库和多媒体技术等信息素养知识与能力。

11. 大学语文

学时：32　学分：2

本课程以文学理论为先导和基础，以分析和指导学习阅读文学作品为重点，弘扬民族文化，培养学生高尚的情操，增长文史知识，提高学生鉴赏和写作能力。通过学习，培养口语交际能力、阅读能力、书面语言表达能力和发布能力等语文应用能力。

12. 应用文写作

学时：32　学分：2

通过本课程的学习，学生能掌握应用文写作的基本知识、基本格式和文书处理程序；掌握基础写作技巧和方法；能根据不同工作需要独立地撰写、制作各类文书。

13. 大学生心理健康教育

学时：32　学分：2

本课程旨在使学生明确心理健康的标准及意义，增强自我心理保健意识和心理危机预防意识，掌握并应用心理健康知识，培养自我认知能力、人际沟通能力、自我调节能力，切实提高心理素质，促进学生全面发展。

14. 大学生职业生涯规划

学时：16　学分：1

职业生涯规划课程主要引导学生进行职业认知和自我认知，并在此基础上，结合自身实际，明确职业目标，制订生涯规划，并细化执行步骤，确保目标的顺利实现。

15. 大学生就业指导

学时：16　学分：1

本课程引导学生进一步明确自身核心职业竞争力，把握就业关键环节，指导学生做好充分就业准备，帮助学生树立科学就业观，完成由“学生人”向“职业人”身份的角色转变。

16. 大学生安全教育

学时：16　学分：1

通过本课程的学习，帮助学生建立职场工作的健康和安全意识，了解国家职场工作健康和安全的政策、法规，让学生能够掌握职场工作的基本安全知识和技能，并能够应用于今后的工作实践。保护自己和他人的安全，防止个人和集体财产遭受损失及重大的人员伤亡。

17. 劳动教育

学时：32　学分：2

本课程主要学习劳动教育的内涵、发展过程以及新时代的劳动教育要求等内容，使学生自觉树立劳动最光荣、劳动最崇高、劳动最伟大、劳动最美丽的观念，理解并接受劳动教育对个人成长的重要意义，自觉践行新时代劳动使命，为实现中华民族伟大复兴的中国梦贡献力量。

18. 悦美教育

学时：32　学分：1.5

通过本课程的学习，提高学生的审美和人文素养，弘扬中华美育精神，以美育人、以美化人、以美培元。将艺术课程与专业课程有机结合，强化实践，开设体现职业教育特点的拓展性艺术教育和艺术实践。

19. 专业发展指导

学时：16　学分：1

本课程开设形式多样，包括行业专家讲座、校外行业认知、优秀毕业生回校互动和专业教师讲授等形式，旨在通过本课程让学生对自己的专业发展目标、行业认知能力和职业发展等有更明确清晰的认识。

（二）专业教育课程

1. 专业基础课程

（1）生理学基础。

学时：32　学分：2

通过对本课程的系统学习，使学生了解和掌握现代生理学的基本理论、基本知识，学会从分子、细胞、器官、系统水平，特别是从整体水平，理解人体生理学功能的调节以及机制，为今后学习生理、病理、护理操作等内容打下坚实基础。

（2）人体解剖学。

学时：64　学分：4

人体解剖学是按照人体的器官功能系统阐述人体正常器官的形态结构、位置、相关功能及其发生发展规律的科学，是医学科学中一门重要的基础课，任务是让学生理解和掌握人体各器官系统的正常形态特征、位置与毗邻、生长发育规律及其功能意义，为今后学习生理、病理、护理操作等内容打下坚实基础。

（3）智慧健康养老服务与管理概论。

学时：64　学分：4

本课程是专业基础课和必修课，通过课程的学习，学生了解智慧健康养老服务与管理专业的兴起及其概述，并从老年人健康服务、老年人生活服务、老龄化社会、智慧健康养老产业等方面了解智慧健康养老服务与管理的内容；同时对国内外智慧健康养老服务与管理的现状及发展情况有基本的掌握。

（4）老年人照护基础。

学时：48　学分：3

通过本课程的学习，学生应熟悉老年人身心健康知识，掌握促进老年人健康的照护知识和方法，学生能够对老年人进行日常生活照护，为居家或机构老年人提供基础照护服务，以维持其最佳健康状态，提高生命质量。

（5）老年人沟通与服务礼仪。

学时：32　学分：2

本课程内容主要包括为老年人服务人员职业形象礼仪的塑造和为老年人服务工作中的服务礼仪规范。通过本课程的学习，学生能够熟悉老年人服务礼仪的基本理论知识，熟练掌握礼仪在老年人服务工作中的应用技巧，具备良好的职业礼仪素养和行为习惯，为今后各门专业课程的学习及从事老年人服务工作奠定基础。

（6）老年人心理慰藉实务。

学时：48　学分：3

本课程属于理实一体课程，课程以老年人生理、心理特点作为定位点，本着“理论知识涵盖临床要求，情景案例取材临床实际，任务设置符合能力培养”的原则，通过任务驱动、服务驱动来展开知识、技能的教学活动，使学生能运用护理程序与护理技能对老年人的生理、心理健康问题及疾病问题提供服务。

（7）老年社会工作（养老机构方向）。

学时：48　学分：3

本课程作为专业基础课，让学生通过本课程的学习，进一步熟悉我国养老的现状及养老需求和未来的发展趋势，系统地掌握关于老年人的基本知识，并能够运用社会工作的专业理念和专业知识与方法为老年人提供专业性的服务，解决老年人的困难，激发老年人的潜能，提高老年人生活质量。

（8）社会学概论。

学时：48　学分：3

社会学概论是从变动着的社会系统整体出发，通过人们的社会关系和社会行为研究社会的结构、功能、发生、发展规律的一门综合性的社会科学。通过本课程教学，使学生了解和掌握社会学的基础知识、基本理论和基本技能；培养学生初步的科学研究和实际工作能力，具有一定的批判思维和研究社会问题的能力；能熟练地运用社会学的基本理论来指导工作和生活，为学生学习其他有关专业基础课和专业核心课打下良好的基础。

2. 专业核心课程

（1）老年常见慢性病管理。

学时：64　学分：4

本课程属于理实一体课程，通过本门课程的学习，学生能详细了解老年人各系统常见的疾病预防和护理，同时侧重解决临床护理中的实际问题，并从老年人的生理、心理及生活方面进行健康指导。

（2）老年人照护技能。

学时：64　学分：4

本课程属于理实一体课程，通过本课程的学习，让学生掌握老年人的健康评估方法；了解老年人照护环境设计与要求，掌握老年人移动、清洁、饮食、排泄、冷热应用、生命体征测量等照护技术内容，了解特殊老人基本照护技术、智慧医疗在养老照护服务中的应用等。

（3）老年人康复与训练。

学时：64　学分：4

本课程属于理实一体课程，通过本门课程的学习，学生能够掌握老年人康复护理评定，基本康复治疗手段，老年人神经系统疾病康复护理，骨关节肌肉疾病的康复护理和慢性内科疾病的康复护理等内容，让学生明确通过适宜的康复护理可帮助老年人及老年慢性病患者维持和改善肢体功能，延缓衰退，尽可能地维持老年人自理生活的能力，提高老年人的生存质量。

（4）老年人营养与膳食保健。

学时：64　学分：4

本课程属于理实一体课程，以涉及老年人的营养与饮食保健为主，兼顾其他人群的营养及与营养有关的健康问题。课程基本内容主要包括营养基础知识、健康人营养和疾病营养三部分。

（5）智慧养老机构管理与实务。

学时：64　学分：4

本课程是建立在日趋严峻的人口老龄化形势、养老服务事业亟待发展，需要兴建大量的养老机构、培养大批老年服务与管理专业人才的社会背景之下的一门实用型课程。课程教学目标是着力培养本专业人才不可替代的核心能力——养老机构管理实务能力，为我国养老服务事业培养更多高素质、职业化的养老服务管理型人才。本课程基于养老服务机构管理岗位知识、能力与素质要求，着力培养学生在管理岗位的基本素质以及组织、策划、管理、协调、决策、控制等方面的能力。学好本课程，将更好地提升学生的专业价值、综合素质和就业竞争力。

（6）老年人风险防范及处理。

学时：32　学分：2

本课程属于理实一体化课，通过本课程的学习，学生能够清楚地了解老年人护理的常见风险，如安全风险、护理操作风险、沟通交流风险等；掌握常见风险因素及防控措施；熟悉养老机构老年人护理风险防控的管理要求。

（7）智慧养老产业经营与管理。

学时：64　学分：4

本课程属于理实一体化课，通过本课程的学习，让学生掌握智慧养老产业的基本内涵，所涉及产业门类，国内外的现状，国内的发展瓶颈，不同地区的发展差异，重点发展板块，我国未来智慧养老产业发展趋势和方向，了解最前沿的智慧养老产业信息和政策等各方面的内容，为进一步的专业实践工作打下良好基础。

（三）主要实践教学环节

1. 专业实践

共计 4 周，主要包括健康与养老产业创新创业教育、失能照护技能、失智照护技能等。

2. 专业综合能力实践

共计 4 周，主要包括自理照护技能、残疾照护技能、安宁照护技能、现代养老产品研发技能和顶岗实习等。

3. 企业实践环节

主要包括顶岗实习 39 周。顶岗实习主要是根据学生职业生涯规划确定的相关工作岗位，进行养老机构的管理或智慧健康养老管理业务服务工作的实习。顶岗实习可由学校组织，也可由学生提出申请，经学校同意后自由选择顶岗实习单位。

4. 毕业论文（设计）环节

毕业论文（设计）完成及答辩 6 周，毕业设计项目在第二学年或学生选择专业能力模块学习后开始布置并逐步完成，共 8 学分。毕业设计是人才培养方案中最为重要的组成部分，是培养学生综合运用所学的基础理论、基本知识、基本技能及分析与解决实际能力的一个重要环节，是四年中各教学环节的继续深化和检验。它的综合性和实践性是其他教学环节不能替代的。通过毕业设计，能使学生得到技术技能型人才所必需的综合技能训练，在不同程度上，提高学生独立工作能力及分析解决问题的能力，是学生走向工作岗位的一次“实践锻炼”。

（1）毕业设计课题大部分要求来源于真实和可操作的实际项目，能解决实际问题。要强化选题的真实性、专业性和综合性。毕业论文（设计）不得以实习总结、实习报告等形式替代。

（2）要求每生至少一个项目，独立完成，需要多名学生合作研究的项目，要求每名学生均参加总体设计，并明确应独立完成的任务，项目组一般不超过 3 人。

（3）选派专业教师、企业教师共同指导跟进。

（4）毕业论文（设计）考核管理方案按学校要求执行。

（四）非课程型拓展项目

类别	项目名称	学分	获得学分的条件及说明
人文素质	参加学校或二级学院举办的各种学术、科技专题讲座	2.0	0.5 分 / 次，最高 1.5 分，二级学院、教务处证明
	参加学校或二级学院举办的各种专题讲座	1.5	0.5 分 / 次，最高 1.5 分，二级学院证明
	参加二级学院专题演讲成绩良好	1.0	二级学院组织的专题比赛，学院证明
	参加全校性专题演讲三等奖以上	1.0	参加全校性专题演讲比赛，教务处证明
	音乐欣赏会或高桌晚宴 1 次以上	0.5	参加学校组织的相关活动，教务处证明
体育技能	校内体育比赛三等奖以上	0.5	获奖证书
	省级体育比赛三等奖以上	1.0	获奖证书
社会实践	“三下乡”社会调查实践、活动	0.5	社会调查报告署名前 2 名
	志愿者、社会公益活动 2 次以上	1.0	学生处证明
原创性和特色的毕业作品	案例分析、项目策划、产品设计、文学作品、艺术创作、调查报告等其中一项成绩优秀	1.0	二级学院证明
学科竞赛	国家级老年护理类职业技能竞赛、创业大赛	2.0	获奖证明
	省级老年护理类职业技能竞赛、创业大赛	2.0	获奖证明
	校级、市级老年护理类职业技能竞赛、创业大赛	1.0	获奖证明
	系、二级学院学科竞赛	0.5	参赛证明
技术创新开发	国家级大学生创新创业项目	2.0	立项完成、排名前 5 名
	省级大学生创新创业项目	2.0	立项完成、排名前 3 名
	校级大学生创新创业项目	1.0	立项完成、排名前 3 名
发明专利	发明专利授权前三、实用新型专利	2.0	专利证书
	外观设计专利为第一授权人	1.0	专利证书

续表

类别	项目名称	学分	获得学分的条件及说明
发表论文	公开发表专业学术论文	2.0	独撰或第一作者；核心期刊包括第二、第三作者
		1.0	一般期刊含第二、第三作者

注：1. 非课程型项目学科竞赛、技术创新开发，可根据专业实际情况补充调整；

2. 各种学术、科技专题讲座，指参加关于安全教育、军事理论、节能减排、绿色环保、金融知识、社会责任、人口资源、海洋科学、管理等人文素养及科学素养方面的专题讲座；

3. 非课程型拓展学分认定不少于5分。

五、教学进程总体安排

教育教学活动按周时间分配表（附表二）

通识模块、专业课程模块教学进程表（附表三）

实践模块教学进程表（附表四）

专业课时、学分统计表（附表五）

六、实施保障

（一）师资

1. 队伍结构

本专业师资力量雄厚。专任教师中，“双师型”教师占比90%以上，研究生学历教师占比达100%。以综合性智能硬件项目作为教学载体组建模块化教学团队，基础性课程由具有专业背景的校内专任教师主讲，实践性课程主要由企业、行业技术技能骨干担任的校外兼职教师讲授为主。

2. 专业带头人

（1）建立校内专业带头人标准。校内专业带头人应具有高级职称，能较好地把握国内外老年服务与管理行业及专业发展动态和人才需求，具有较强的专业研究、教学研究和应用研发能力，在本区域或本领域具有一定的专业影响力。

（2）建立校外专业带头人标准。校外专业带头人应对专业领域的前沿有切身的体验、对职业教育要有透彻的理解、对职业教育的教学要有准确的把握。其职责包括：产学合作项目的推进、教师的企业轮训及访问工程师工作、学生企业顶岗实习的落实、参与实践课程指导与实践环节的考核评价实施与管理；在专业课程设置和调整时对市场需求作出调研及评估；参与兼职教师的推荐、考核及管理等；实践教学改革的设计规划，实验实训室建设规划，指导实验、实践课教学，参与实验教材编写或审核；主持开展校企合作应用型课题的申报与实施等。

3. 专任教师

本专业专任教师具有高校教师资格，具有坚定的理想信念、高尚的道德情操、扎实的专业素养、良好的敬业精神，具有较强的教学改革意识、教学创新能力、信息技术应用能力，具有较强科学研究、社会服务和技术转化能力，具有一定的企业实践经历，具有相应的职业资格证书，能及时把握新技术发展趋势。专任教师每 5 年累计下企业实践经历均超过 6 个月。

4. 兼职教师

兼职教师主要从养老相关行业企业聘任优秀专家和能手，具备良好的思想政治素质、职业道德和工匠精神，具有较扎实的专业知识和丰富的工作经验，能承担专业核心课程的讲座、技能操作及授课任务，学时数比例达 50% 左右。

（二）教学设施

1. 校内实训基地

序号	实验室、实训基地（中心）的名称	完成的实践教学内容	备注
1	康复护理实训室	进行老年人健康照护基本技能的专业训练、个案工作的接案、面谈、诊断、处理、评估的模仿训练	
2	营养配餐实训室	进行老年人的膳食制备、特殊营养餐的制备、老年人的膳食烹饪	
3	老年人心理咨询与治疗实训室	进行个案工作的接案，对老年人的心理疾病的治疗进行模拟训练	
4	老年人健康管理实训室	进行常见的老年人群身体健康指标检测和疾病预防的实训工作	
5	社会工作实训室	进行老年社会工作的策划、组织、过程控制、活动开展、评估等能力的模仿训练	

2. 校外实践教学基地

序号	校外实习基地名称（企业名称）	完成的实践教学内容	备注
1	重庆医科大学附属第一医院青杠老年护养中心	课程见习，顶岗实习	
2	重庆合展养老产业发展有限公司	课程见习，顶岗实习	
3	重庆市沙坪坝陈家桥中心医院	课程见习	
4	北京远洋养老运营管理有限公司	顶岗实习	
5	重庆汇橙养老机构管理有限公司	顶岗实习	
6	北京万科养老（幸福汇）有限公司	顶岗实习	
7	上海万科（申养）养老有限公司	顶岗实习	
8	北京海航嘉盛养老服务有限公司	顶岗实习	

（三）教学资源

体现本科层次职业教育的高等性以及把握职业教育属性，围绕职业岗位需要，重点使用具有鲜明特色和创新性、实践性的应用型精品教材和校企开发规划或职业教育类教材。鼓励参考使用职业教育立体化教材，具备 AR 增强现实技术的教材、“互联网 +”创新型教材、具备云课堂互动教学平台的教材。做到专业教材随信息技术发展和产业升级情况及时动态更新，及时将新技术、新工艺、新规范纳入课程标准和教学内容，引入典型生产案例，体现教学内容的高层次性。与行业企业合作开发实训教材，开发活页式、工作手册式新形态教材。

本专业建设、配备与专业相关的音频素材、教学课件、数字化教学案例库、模拟仿真软件、数字教材等专业教学资源库，种类丰富、形式多样、使用便捷、动态更新，能较好地满足教学要求。积极引入企业标准，建设针对产业发展需要和用户个性化需求的特色性、前瞻性资源。建设各级各类专业培训资料，服务于全社会学习者的技术技能培训；开发符合相关标准的职业技能等级证书培训资源和课程，支持学习者通过资源库学习，获取多类职业技能等级证书。

本专业大力推进人工智能背景下教学方法与手段的转型。以学习者为中心，构建自主、广泛、个性化学习的教学模式，普及线上线下混合式教学模式。利用互联网和数字校园为学生提供开放式、互动式网络学习平台，通过建设专业核心课程的网络课程，建设数字图书馆和老年服务与管理类专题学习网站，进一步丰富该专业的教学资源。重视教材开发的立体化、数字化、多样化和开放化，开发微课和社区课程，满足学生多样化的学习需求。

（四）教学方法

坚持“教学做合一，课岗证融通”的课程建设理念，及时将新技术引入课堂。根据课程特点，积极探索符合职业教育规律，符合岗位职业能力要求，开发典型实训实习项目，采用项目教学、案例教学、情景教学、模块化、工作过程导向的教学方式，广泛运用启发式、探究式、讨论式和参与式教学方法。推进翻转课堂、混合式教学、理实一体教学等新型教学模式。适应“互联网 + 职业教育”发展需求，进一步扩大优质资源覆盖面，积极运用现代信息技术改进教学方式方法。积极有效应用现代化教育技术手段，建立设施设备技术含量高，具有真实或仿真职业环境的实训实习基地，加强校外实践教学。

（五）学习评价

树立以“学生为中心”的教学理念，针对人才培养目标细化为主要职业岗位对应的知识、技能和职业素养等方面的培养要求和有利于培养学生科学思维能力和创新精神的角度，健全和完善职业能力和创新素质的考核评价体系。采用过程性评价和终结性评价相结合的方式对教学质量进行多维评价，加大课程考核方式改革，加大过程考核、技术技能考核成绩在课程总成绩中的比重。严格考试纪律，健全多元化考核评价体系。加强题库建设，逐步推进教考分离，非毕业班每学期考试课程门数不少于4门。采用完成毕业设计或项目的考核方式，形成整合了知识能力、社会能力、方法能力的综合能力评价标准体系。

（六）质量管理

教学质量监控是保证教学质量不断提高的重要手段，需厘清本专业的办学定位与办学思路，制订符合老龄产业创新人才培养模式，确立专业人才培养目标，加强专业建设、课程建设、实习实训基地建设、教学团队建设、师资队伍建设，把控教学管理、课程设计、毕业设计、顶岗实习、职业资格能力、毕业生质量等各个方面。

1. 质量管理途径

（1）通过日常的教学检查、教学过程的常态监测、开学初、期中和期末的定期检查、教师教学信息反馈和学生学习信息反馈等渠道，及时了解和掌握教学中存在的问题，并及时寻求对策，进行纠正和调控。

（2）对所有教学活动、教学环节、教材选取、教研教改方案等进行随机性的检查督导。

（3）对课堂教学、实践教学、教学常规管理、教学质量检测、专业与行业企业对接交流、顶岗实习、毕业生就业质量等方面的工作进行专项目标监控评价。

2. 质量管理方式

（1）通过专项检查、不定期抽查等手段，有目的、有计划地对教师的教学态度、教学水平和专业实践能力，学生专业技能的掌握和综合素质的提高进行监控与评价。

（2）根据设计好的访谈问题或提纲，通过个别谈话、集体座谈、专题研讨等方式，有目的、有计划地了解学生学习情况，教师教学情况。

（3）通过书面问卷调查形式、对学生家长问卷调查等方法，有目的、有计划地了解学生学习情况，了解对教师教学情况等相关内容的评价反馈。

（4）以教学班级为单位建立教学信息员制度，加强对教学工作的信息反馈，及时了解教师和学生教与学的状况，进一步完善教学质量保障体系，充分发挥学生参与教学管理和自我管理、自我教育的主体作用。

（5）建立毕业生跟踪反馈机制。建立毕业生跟踪反馈以及社会评价体系，对人才培养目标实现度进行定期评价，应用科学方法对反馈数据进行系统分析，作为质量改进的主要依据。

（6）建立持续改进工作机制。建立质量管理持续改进工作机制，及时将教学质量监控结果、毕业生跟踪反馈结果和社会评价结果，用于完善专业人才培养方案和改进教学方法，形成闭环结构，促进专业建设质量持续提高。

七、毕业要求

本专业的学生达到以下要求，准予毕业：

修满专业课程教学要求的 167 学分；获得非课程型拓展项目要求 5 学分；毕业设计项目完成并达到了考核评价标准，毕业论文（设计）报告审核合格，答辩通过。

八、附录

参与人才培养方案设计的行业 / 企业代表

序号	行业 / 企业名称	专家姓名	提供的相关信息
1	重庆市民政局	江文波	智慧健康养老服务与管理的政策、老龄行业的最新动态等
2	重庆医科大学附属第一医院青杠老年护养中心	喻秀丽	老年护理类课程的设置
3	重庆汇橙养老机构管理有限公司	马驰	老年机构的经营与管理 老龄产业行业动态
4	重庆合展天池老年护养中心	文玉玲	养老机构人才培养

附表一：职业能力分析表

工作项目		工作任务		职业能力		学习水平	
项目编号	项目名称	任务编号	任务名称	能力编号	能力名称	高职 Lj	职教本科 Lk
01	日常生活照料	01-01	起居照料	01-01-01	了解起居照料的基本要求（如老人身体清洁卫生、进食、排泄、洗漱频次等）	L1	L1
				01-01-02	能够与老人建立信任	L1	L1
				01-01-03	能够按照规范照料老人的清洁与沐浴	L1	L1
				01-01-04	能够按照规范照料老人的进食与如厕	L1	L1
				01-01-05	能够按照规范照料老人的行走与转移	L1	L1
				01-01-06	能够按照规范布置老人睡眠环境，完成睡眠障碍照护	L1	L1
				01-01-07	能够按照规范标准填写护理记录	L1	L1
				01-01-08	能够对老年人进行相关健康教育	L1	L1
		01-02	健康监测	01-02-01	了解老年人慢性病的种类及基本症状（如高血压、糖尿病、脑梗 / 脑卒中后遗症、冠心病等）	L1	L1

续表

工作项目		工作任务		职业能力		学习水平	
项目编号	项目名称	任务编号	任务名称	能力编号	能力名称	高职 Lj	职教本科 Lk
				01-02-02	掌握基本生命体征的监测方法及数据记录（如血糖、血压、体温、脉搏、心率）	L1	L1
				01-02-03	能按规范使用监测仪器（如血糖仪、血压计、体温计等）	L1	L1
				01-02-04	能够在测量操作前与老人有效沟通，获得老人的配合	L1	L1
				01-02-05	能够判断测量异常情况并及时报告处理	L1	L1
		01-03	老人物品整理和代管	01-03-01	熟悉企业对老人居室及物品的管理规范和要求	L1	L1
				01-03-02	能够按规范对老人居室进行清洁卫生管理（如床单位 / 衣物每日整理及定期送洗消毒，物品的规范摆放等）	L1	L1
				01-03-03	能够按标准和需求配置老人房间物品（如生活用品：纸尿裤、纸巾、洗浴用品等；固定设施设备：椅子、床、床头柜、电视等）	L1	L1
				01-03-04	能够妥善保管及规范使用老人自带物品（如活动义齿、助听器、拐杖、轮椅、管制刀具等）	L1	L1
		01-04	个性化服务	01-04-01	能够按需为老人提供有偿个性化服务（如散步、聊天、外出购物、就医等）	L1	L1
				01-04-02	能够准确无误地记录个性化服务项目	L1	L1
				01-04-03	能够在无法满足老人个性化服务需求时，与老人妥善沟通解释	L1	L1
		01-05	清洁维护	01-05-01	熟悉企业对老人房间的清洁维护标准	L1	L1
				01-05-02	能保证老人房间内清洁无异味	L1	L1
		01-06	参与康复训练	01-06-01	熟悉不同功能障碍的康复知识	L1	L1
				01-06-02	了解老年人不同功能障碍的康复训练方法、基本流程和规范	L1	L1
				01-06-03	能够根据老年人身体状况和康复治疗计划实施康复训练（如步行训练、关节活动度训练、平衡功能训练）	L1	L1
				01-06-04	能够配合专业康复人员，帮助其开展康复训练（如脑卒中老人的床上活动训练、转移训练、日常生活活动能力训练）	L1	L1
				01-06-05	能够准确无误地记录康复训练记录	L1	L1
				01-06-06	能够在康复训练时及时发现异常情况，妥善应对并及时上报	L1	L1

续表

工作项目		工作任务		职业能力		学习水平	
项目编号	项目名称	任务编号	任务名称	能力编号	能力名称	高职 Lj	职教本科 Lk
02	特殊人群照护	02-01	失智照护	02-01-01	了解失智症的概念、类型、病因、症状、分期等	L1	L1
				02-01-02	了解早期、中期、晚期失智症老人的症状及照护注意事项	L1	L1
				02-01-03	了解失智症老人的过往经历及基本情况（如生活习惯、爱好、禁忌、难忘经历等）	L1	L1
				02-01-04	能为失智症老人提供日常生活照护，鼓励、引导、协助其完成进餐、如厕、睡觉等	L1	L1
				02-01-05	能为失智症老人提供认知功能促进照护（如陪伴和转移措施、音乐疗法、宠物陪伴法、非药物疗法、趣味益智游戏等）	L1	L1
				02-01-06	能协助失智症老人进行功能维护与重建，鼓励、引导、陪同其完成针对性运动训练、作业训练和物理训练	L1	L1
				02-01-07	能为失智症老人提供健康促进照护，如服药照护、基本生命体征监测等	L1	L1
				02-01-08	熟练掌握失智症老人异常行为管理（如游走、激越、哭泣等）	L1	L1
				02-01-09	能够及时记录失智症老人异常行为并解决（如注意力转移、非药物疗法等）	L1	L1
				02-01-10	能够及时判断情况是否可控，出现无法控制的情况及时上报	L1	L1
				02-01-11	能积极组织和参与普及宣传预防失智症基本知识的各类活动	L1	L1
		02-02	失能照护	02-02-01	了解失能的概念、影响因素、常见表现	L1	L1
				02-02-02	熟练掌握失能老人的基本生活照料（如翻身、叩背、轮椅转移、床单位更换、床上擦拭、排泄等）	L1	L1
				02-02-03	能够安全规范管理各类管道（如鼻饲管、尿管、造瘘口等）	L1	L1
				02-02-04	能正确使用预防褥疮的各类器具（如褥疮贴、气垫、翻身垫等）	L1	L1
03	心理调适	03-01	人文关怀	03-01-01	具备老年人心理学相关知识	L1	L1
				03-01-02	掌握与老人、家属沟通的基本技能和技巧	L1	L1
				03-01-03	能够熟悉机构环境并带领新入住老人适应	L1	L1
				03-01-04	能够及时发现老人异常心理状况并进行安抚	L1	L1
				03-01-05	能够与老人积极沟通、耐心倾听，回应老人需求	L1	L1

续表

工作项目		工作任务		职业能力		学习水平	
项目编号	项目名称	任务编号	任务名称	能力编号	能力名称	高职 Lj	职教本科 Lk
		03-02	活动组织	03-02-01	熟悉常规活动内容及流程	L1	L1
				03-02-02	了解老人兴趣爱好，根据老人兴趣爱好进行分组活动	L1	L1
				03-02-03	能够根据活动计划表带领老人开展分组活动	L1	L1
04	家属接待及沟通	04-01	家属接待	04-01-01	掌握商务礼仪知识，礼貌、微笑接待老人家属	L1	L1
				04-01-02	熟悉护理区环境、设备	L1	L1
				04-01-03	能够用通俗易懂的语言答复老人家属关于护理区环境、设备的疑问	L1	L1
		04-02	照护情况反馈	04-02-01	能够及时准确地向家属反馈老人近期的生活状况（饮食、睡眠、二便等情况）	L1	L1
				04-02-02	遇特殊情况时及时上报，与老人家属沟通（如突发疾病和异常行为等）	L1	L1
05	突发情况处理	05-01	意外事件的预防	05-01-01	清楚了解意外突发事件的种类、原因、后果、处理办法	L1	L1
				05-01-02	能够准确辨别老人有无走失倾向，做好必要防护措施，预防老人走失（如使用胸牌、手环等）	L1	L1
				05-01-03	能够正确使用安全防护措施，保障地面无水渍、障碍物等，预防老人跌倒（如安全约束带等）	L1	L1
				05-01-04	熟练掌握外伤出血及骨折的应急处理流程	L1	L1
				05-01-05	能够避免老人自行接触热水装置，预防老人烫伤	L1	L1
				05-01-06	熟练掌握烫伤的应急处理流程	L1	L1
				05-01-07	能够为吞咽困难的老人提供流质或半流质食物，避免老人噎食或呛食	L1	L1
				05-01-08	能够独立掌握海姆立克急救法	L1	L1
				05-01-09	能够独立掌握心肺复苏术及 AED 的使用办法	L1	L1
				05-01-10	了解老人心理，能够准确辨别老人有无自缢行为，并对其进行心理疏导并及时上报	L1	L1
		05-02	意外事件的紧急处理	05-02-01	熟悉各种应急预案的处理流程	L1	L1
				05-02-02	发生各类意外事件能够准确无误地按照应急预案执行并上报	L1	L1
				05-02-03	能够按要求完成意外事件报告，总结经验教训	L1	L1

续表

工作项目		工作任务		职业能力		学习水平	
项目编号	项目名称	任务编号	任务名称	能力编号	能力名称	高职Lj	职教本科Lk
06	安宁照护	06-01	身体照护	06-01-01	掌握临终老人的常见躯体症状	L1	L1
				06-01-02	能够依据老人的年龄、全身情况、意识状态，判断老人处于临终期	L1	L1
				06-01-03	能够按照临终照护方案给予临终照护（如缓解疼痛、改善呼吸困难等）	L1	L1
		06-02	心理照护	06-02-01	掌握临终老人的心理特征	L1	L1
				06-02-02	能运用沟通、肢体语言给予老人心理慰藉	L1	L1
				06-02-03	掌握临终老人家属的心理反应	L1	L1
				06-02-04	能运用沟通、肢体语言给予家属心理慰藉，指导家属更好陪伴、照护老人	L1	L1
		06-03	遗体照护	06-03-01	了解遗体照护的目的、方法	L1	L1
				06-03-02	能够尊重逝者，给予家属心灵慰藉	L1	L1
07	安全防护	07-01	个人安全管理	07-01-01	了解照护员会面临的职业风险（体力操作风险、工作场所暴力风险、感染风险、心理风险等）	L1	L1
				07-01-02	掌握职业防护的方法，合理应用工具规避风险	L1	L1
		07-02	职业压力应对	07-02-01	热爱养老行业，爱岗敬业	L1	L1
				07-02-02	能够正确认识衰老、疾病和死亡	L1	L1
				07-02-03	能够以真诚的态度获得老人、家属的体谅与合作	L1	L1
				07-02-04	能够及时识别自己的压力状态，尽早调整	L1	L1
		07-03	老人安全管理	07-03-01	具有安全管理意识、法治观念	L2	L2
				07-03-02	熟悉老人常见意外的防护办法（预防跌倒、坠床、噎食或呛食、烫伤、走失等）	L2	L2
				07-03-03	定期巡查区域内安全防护措施	L2	L2
				07-03-04	能够总结日常工作经验，提出安全防护改进建议	L2	L2
				07-03-05	定期以各种形式向老人及家属进行安全宣教	L2	L2
		07-04	团队成员安全管理	07-04-01	能够及时、准确地识别职业风险点	L2	L2
				07-04-02	能够针对职业风险点进行妥善处理，消除隐患	L2	L2
				07-04-03	能够及时发现团队成员压力，帮助其正确排解不良情绪	L2	L2
				07-04-04	能够帮助团队成员提升岗位认同感	L2	L2

续表

工作项目		工作任务		职业能力		学习水平	
项目编号	项目名称	任务编号	任务名称	能力编号	能力名称	高职Lj	职教本科Lk
08	任务分工	08-01	熟悉责任区相关事务	08-01-01	熟悉本区域老人基本信息（如个人信息、疾病情况、生活习性）	L2	L2
				08-01-02	熟悉本区域老人的护理等级及护理计划	L2	L2
				08-01-03	熟悉团队成员基本信息（如个人信息、工作状况、家庭情况）	L2	L2
		08-02	任务及人员分配	08-02-01	掌握团队人员基本情况，合理、科学地排班分工（如合理分配工作项目、每月按时排班）	L2	L2
				08-02-02	能够按照排班情况、团队人员变化情况及时调整排班分工	L2	L2
09	工作协调与沟通	09-01	交接班的组织	09-01-01	负责楼层重点老人的情况记录，将本班组服务情况和重点准确无误地详细记录	L2	L2
				09-01-02	组织本班组照护员进行交接班，让下一班次的照护员熟悉并掌握情况，完善交接班报告	L2	L2
		09-02	内部工作协调与沟通	09-02-01	具备上下级沟通能力	L2	L2
				09-02-02	能够准确及时传达上级安排的工作事务，并做好相应协调工作	L2	L2
				09-02-03	针对本班次照护员临时请假或特殊情况，能够提前做好工作安排（如沟通调配照护人员）	L2	L2
		09-03	家属协调与沟通	09-03-01	掌握与家属协调沟通的技巧	L2	L2
				09-03-02	了解家属投诉的处理流程和规范	L2	L2
				09-03-03	能够应对家属投诉，通过沟通及非语言交流安抚家属情绪	L2	L2
				09-03-04	及时核实家属投诉情况细节，权限内及时、妥善处理	L2	L2
		09-04	工作总结汇报	09-04-01	能够按要求完成日 / 周 / 月总结的汇报	L2	L2
				09-04-02	能够定期对照护质量进行汇总分析，提出有效的改善建议	L2	L2
				09-04-03	能够定期对照护流程进行汇总分析，提出有效的改善建议	L2	L2
10	工作指导及跟进	10-01	服务操作指导	10-01-01	熟练掌握相关照护技能及工作流程	L2	L2
				10-01-02	能列出护理员常见的培训教育方法	L2	L2
				10-01-03	能够正确组织并进行新入职员工带教	L2	L2
				10-01-04	能够迅速发现错误的照护措施并及时纠正	L2	L2
				10-01-05	能够清楚演示正确的照护方法，讲解照护细节及注意要点	L2	L2

续表

工作项目		工作任务		职业能力		学习水平	
项目编号	项目名称	任务编号	任务名称	能力编号	能力名称	高职Lj	职教本科Lk
				10-01-06	能够针对护理员能力差别进行差异化指导	L2	L2
				10-01-07	及时向护理员传达照护主管修改后的服务计划	L2	L2
		10-02	服务质量监督	10-02-01	了解所在企业的照护照料制度及服务标准	L2	L2
				10-02-02	按要求进行每日巡查 / 抽查（老人身体情况、房间情况等），监督护理员服务计划执行	L2	L2
				10-02-03	向上级反映有关服务质量的改进措施	L2	L2
				10-02-04	能够妥善处理照护不良事件，及时上报处理	L2	L2
				10-02-05	能够协助上级完成老人照护效果评估，协助分析照护目标未达到的原因，给予照护计划修订建议	L2	L2
		10-03	护理员纪律管理	10-03-01	熟练掌握护理员工作制度流程及服务禁忌	L2	L2
				10-03-02	能够制订符合企业规定的奖惩制度用于护理员纪律管理	L2	L2
				10-03-03	对护理员进行随机抽查（如对老人情况了解程度、服务禁忌知晓情况等），抽查护理员专业知识及技能	L2	L2
				10-03-04	能够按要求执行奖惩制度，加强护理员纪律管理	L2	L2
11	物品管理	11-01	低值易耗品的管理	11-01-01	了解物资采购及使用流程和规范	L2	L2
				11-01-02	能够合理保管相关物品	L2	L2
				11-01-03	能够准确登记物品领取记录	L2	L2
		11-02	物品设施的维护报修	11-02-01	了解物品维护报修的流程和规范	L2	L2
				11-02-02	日常巡查负责区域内的相关物品设施能够及时发现问题，上报有关人员	L2	L2
				11-02-03	能够复查报修物品设施的情况，保证正常使用	L2	L2
				11-02-04	能够正确填写相关维护报修记录	L2	L2
12	环境管理	12-01	区域环境管理	12-01-01	熟悉企业区域环境管理的规范和要求，能够执行养老机构安全管理最新规范	L2	L2
				12-01-02	能够正确设置安全指引和标识	L2	L2
				12-01-03	能够保持消防应急通道的畅通	L2	L2
				12-01-04	定期对区域内安全隐患进行全面排查，预防意外事故发生（用电、用水安全；火灾隐患）	L2	L2
				12-01-05	能进行安全培训、消防演练、电梯逃生演练等各类应急事件的处理流程及应急演练	L2	L2

续表

工作项目		工作任务		职业能力		学习水平	
项目编号	项目名称	任务编号	任务名称	能力编号	能力名称	高职 Lj	职教本科 Lk
13	老人心理照护	13-01	心理照护基本知识	13-01-01	掌握老年人心理变化的特点和老年人心理健康的标准	L2	L2
				13-01-02	了解增进老年人心理健康的具体方法（自我心理调适、重建人际关系、保持锻炼习惯、培养兴趣爱好等）	L2	L2
				13-01-03	掌握老年人心理健康训练方法，如渐进式肌肉放松训练	L2	L2
		13-02	常见心理问题照护	13-02-01	能够通过沟通、观察评估老年人的情绪和心理状态	L2	L2
				13-02-02	掌握老年人常见心理问题的种类、临床症状（如离退休综合征、抑郁、焦虑、老人综合征等）	L2	L2
				13-02-03	掌握老年人心理照护的常用方法和技术	L2	L2
				13-02-04	耐心倾听，对老人进行适当的心理疏导	L2	L2
				13-02-05	为专业人员提供必要的信息（如老人日常行为与情绪情况），与专业人员共同制订心理照护计划（如目标、形式、方法、频次等）	L2	L2
14	员工培训	14-01	培训计划制订	14-01-01	熟悉培训内容（如员工素养、礼仪规范、生活技能照护等）	L3	L2
				14-01-02	掌握培训计划的规范要求（如文本规范）	L3	L2
				14-01-03	根据机构工作要求、对员工的能力评估结果，制订可行的、有针对性的计划	L3	L2
		14-02	计划实施	14-02-01	掌握培训的技能（如语言表达、PPT 制作、工具使用、培训流程）	L3	L2
				14-02-02	能够按操作的流程及规范、要求进行操作演示	L3	L2
				14-02-03	能够对培训现场进行组织和把控（互动、气氛渲染、进度把控等）	L3	L2
				14-02-04	有应变能力，能够正确解答现场提问	L3	L2
				14-02-05	培训效果能达到预期目标	L3	L2
				14-02-06	能够合理评估培训对象的听课效果	L3	L2
		14-03	培训考核	14-03-01	能够组织培训考核（出题、考核标准、操作标准）	L3	L2
				14-03-02	能够胜任监考工作（了解操作考核标准、指出错误、展示正确操作方法）	L3	L2
				14-03-03	能够正确评估、分析考核结果	L3	L2

续表

工作项目		工作任务		职业能力		学习水平	
项目编号	项目名称	任务编号	任务名称	能力编号	能力名称	高职 Lj	职教本科 Lk
		14-04	培训评估	14-04-01	生成总结分析报告（培训计划、培训对象能力短板）	L3	L2
				14-04-02	提出培训工作改进措施、培训对象能力重点提升措施	L3	L2
				14-04-03	能够结合老人、家属反馈的护理员技能提升方向，更新培训计划	L3	L2
		14-05	护理员职业指导	14-05-01	能够指导护理员认知养老行业	L3	L2
				14-05-02	能够帮助护理员提升养老行业认可度	L3	L2
				14-05-03	能够指导护理员制订个人职业生涯发展规划	L3	L2
		14-06	员工心理辅导	14-06-01	能够及时了解护理员近期的心态及情绪	L3	L2
				14-06-02	能够帮助护理员转变传统观念，树立爱岗敬业精神	L3	L2
				14-06-03	对待客户批评、指责的时候，帮助护理员能正确对待，接受意见，调整心态，调整工作方式	L3	L2
				14-06-04	能够帮助护理员进行情绪管理，减轻思想负担，保持良好的工作状态	L3	L2
				14-06-05	能够给予护理员方法指导，消除其畏难情绪	L3	L2
				14-06-06	能够帮助护理员做好工作安排，平衡家庭与工作之间关系	L3	L2
15	照护服务管理	15-01	日常照护服务管理	15-01-01	能按院部年度工作计划来制订本部门的工作计划并落实布置，合理安排各时段护理人员的配置，确保入住老年人的服务需求得到满足	L3	L2
				15-01-02	能指导、督促、检查本部门各项工作计划真实情况并走访组织考核（如每月一次）	L3	L2
				15-01-03	能对部门人员进行工作指导（照护、医护、服务、不良事件的预防等），能采取相应措施，全面落实院内防感染工作	L3	L2
				15-01-04	具备老年人能力评估能力，能与老年人及相关方（亲属或其他方）定期沟通，听取意见	L3	L2
		15-02	照护工作流程优化	15-02-01	了解照护工作流程制订的要求与方法	L3	L2
				15-02-02	熟练掌握企业现有的每日 / 周 / 月的照护流程	L3	L2
				15-02-03	能够结合班次照护工作量、过往工作经验等，协同部门经理优化每日照护流程	L3	L2
				15-02-04	保证照护工作流程全覆盖、低风险、实用可操作，符合老年人生活起居习惯	L3	L2

续表

工作项目		工作任务		职业能力		学习水平	
项目编号	项目名称	任务编号	任务名称	能力编号	能力名称	高职 Lj	职教本科 Lk
		15-03	照护服务管理制度优化	15-03-01	熟悉企业照护服务管理制度的要求和规范	L3	L2
				15-03-02	能够在实践中正确评估照护差错与事故，并采取正确的防范措施	L3	L2
				15-03-03	了解照护质量管理办法（如 PDCA 循环），能够合理应用质量管理工具分析问题原因	L3	L2
				15-03-04	能够结合工作经验、意外事件经验教训等，协同部门经理优化照护服务管理制度	L3	L2
16	绩效考核	16-01	考勤考核	16-01-01	熟练掌握公司的考勤管理制度和流程	L3	L2
				16-01-02	审核考核数据的准确性，及时提供给相关部门	L3	L2
				16-01-03	能够按制度和流程，及时审核权限范围内的审批	L3	L2
		16-02	服务质量考核	16-02-01	熟练掌握公司的服务质量标准和规范	L3	L2
				16-02-02	能够按公司标准督查服务项目的执行情况	L3	L2
				16-02-03	能够准确地对团队成员进行服务质量的考核（评价、打分等）	L3	L2
				16-02-04	能够制订服务质量改进和提升的方案（如培训方案、奖惩等），针对技能上的不足进行培训及提升	L3	L2
		16-03	营收指标考核	16-03-01	能够完成任务指标的制订和分解（如入住率、退住率等）	L3	L2
				16-03-02	能够及时跟进任务指标的完成情况	L3	L2
				16-03-03	营收指标的分析汇总	L3	L2
17	成本管控	17-01	低值易耗管控	17-01-01	根据需求按月 / 季度 / 年合理拟订低值易耗品的使用计划和资金需求	L3	L2
				17-01-02	完成低值易耗品的使用管理（入出库、报损、领用、盘点）	L3	L2
				17-01-03	定期对低值易耗品使用数据进行分析，了解使用情况	L3	L2
				17-01-04	能够提出成本管控的优化措施	L3	L2
		17-02	人力资源管理	17-02-01	能够严控不合理加班，控制人工支出在合理范围	L3	L2
				17-02-02	能够清楚了解团队成员能力、工作范围、工作情况	L3	L2
				17-02-03	能够清晰制定护理员岗位职责、岗位说明书	L3	L2
				17-02-04	能够提出人员配置要求的合理建议，以及团队内部的人员调整	L3	L2

续表

工作项目		工作任务		职业能力		学习水平	
项目编号	项目名称	任务编号	任务名称	能力编号	能力名称	高职 Lj	职教本科 Lk
				17-02-05	能够参与团队成员的面试工作，合理评估面试人员能力	L3	L2
				17-02-06	能够结合日常工作情况对团队成员的晋升、调薪、转岗等给出建议	L3	L2
18	投诉处理	18-01	客户投诉处理	18-01-01	熟悉了解客户投诉处理的流程和规范	L3	L2
				18-01-02	能够对客户投诉进行预判，加强日常沟通，消解客户问题	L3	L2
				18-01-03	能够准确接收客户投诉并做好记录	L3	L2
				18-01-04	能够对投诉问题进行分析，了解投诉事件的详细情况，核实细节	L3	L2
				18-01-05	能够及时安抚客户情绪，对客户合理需求协调满足，不合理需求进行沟通解释	L3	L2
				18-01-06	针对权限外的投诉事件能够及时上报，对接相关部门提供解决方案，并与客户达成一致	L3	L2
				18-01-07	按客户投诉等级进行事后管理，进行必要的回访、反馈、相关人员处理	L3	L2
		18-02	内部投诉处理	18-02-01	熟悉了解部门间的工作流程、员工之间的工作情况	L3	L2
				18-02-02	能够及时发现员工 / 部门协调情况，加强日常沟通，及时调解员工 / 部门间的矛盾	L3	L2
				18-02-03	了解内部投诉事件的详细情况，核实细节	L3	L2
				18-02-04	沟通解决员工 / 部门投诉问题，及时协调	L3	L2
				18-02-05	按内部投诉等级进行事后管理，进行必要的回访、反馈、相关人员处理	L3	L2
19	评估评级	19-01	评估准备	19-01-01	能依据评估规范要求核对被评估人身份、地址、家属或照护人等基本信息	L3	L2
				19-01-02	能收集其预约评估、过往评估或复评（核）有关信息	L3	L2
				19-01-03	能根据评估需要选择评估量表、评估系统、特殊事项记录单（表）和评估报表	L3	L2
				19-01-04	能核对确认评估工具、备用物品的类别、项目、数量以及替代物性能、安全性能等符合评估规范要求	L3	L2
				19-01-05	能依据评估规范要求配备身体基础检测设备	L3	L2
				19-01-06	能根据评估需要调试老年人能力评估信息化系统；能根据评估现场情况调整选用替代性工具	L3	L2
				19-01-07	能根据评估需要协调被评估人家庭、所在社区、养老机构等提供符合规范要求的评估环境条件	L3	L2

续表

工作项目		工作任务		职业能力		学习水平	
项目编号	项目名称	任务编号	任务名称	能力编号	能力名称	高职 Lj	职教本科 Lk
		19-02	评估信息采集	19-02-01	能依据评估规范要求整理、布置评估环境，配备评估工具和用品，调试现场设备设施	L3	L2
				19-02-02	能采集老年人身高、体重、血压等生命体征和一般状况数据	L3	L2
				19-02-03	能采集老年人居住状况、居家适老环境、医疗费用支付方式、经济来源等环境和条件信息	L3	L2
				19-02-04	能采集老年人疾病诊断记录信息	L3	L2
				19-02-05	能采集老年人近30天内出现的跌倒、走失、噎食、自杀、误吸、中毒、中暑、烫伤、冻伤等意外事件信息	L3	L2
				19-02-06	能准确填写评估基本信息表、被评估人基本信息表、信息提供者及联系人信息表等相关表单信息	L3	L2
				19-02-07	能使用老年人能力评估信息化系统记录、存储、检索、更新信息和数据	L3	L2
				19-02-08	能建立老年人基本信息档案	L3	L2
		19-03	能力评估	19-03-01	能评定老年人进食、洗澡、修饰、穿衣等能力	L3	L2
				19-03-02	能评定老年人如厕、大（小）便控制等能力	L3	L2
				19-03-03	能评定老年人床椅转移、平地行走、上下楼梯等能力	L3	L2
				19-03-04	能依据评估指标准确计算评定结果得分，分析、确定评估对象的日常生活活动能力分级	L3	L2
				19-03-05	能运用简明认知评估量表评定老年人认知功能	L3	L2
				19-03-06	能评定老年人攻击倾向和攻击性风险；能运用老年抑郁评估量表评定老年人抑郁症状	L3	L2
				19-03-07	能评估老年人妄想、恐惧、焦虑、抑郁及负性情绪和精神状态能力	L3	L2
				19-03-08	能依据评估指标准确计算评定结果得分，分析、确定评估对象认知能力和精神状态分级	L3	L2
				19-03-09	能辨识老年人神志清醒程度，评定老年人意识水平	L3	L2
				19-03-10	能运用视力测量方法和工具评定老年人视力状况	L3	L2
				19-03-11	能运用简易量表或器具评定老年人感知声音信息能力	L3	L2

续表

工作项目		工作任务		职业能力		学习水平	
项目编号	项目名称	任务编号	任务名称	能力编号	能力名称	高职 Lj	职教本科 Lk
				19-03-12	能通过问卷、交谈、肢体语言交互等方法评定老年人沟通交流能力	L3	L2
				19-03-13	能依据评估指标准确计算评定结果得分，分析、确定评估对象的感知觉与沟通能力	L3	L2
				19-03-14	能通过分析老年人生活自理状况评定老年人生活能力	L3	L2
				19-03-15	能通过分析老年人对熟练工作或技能的保留程度评定老年人工作能力	L3	L2
				19-03-16	能通过测试老年人时间观念和地址名称、方位的掌握程度评定老年人时间和空间定向能力	L3	L2
				19-03-17	能通过分析老年人家庭成员和周围人的辨识程度评定老年人人物定向能力	L3	L2
				19-03-18	能通过分析老年人人际感受和适应社会环境的程度评定老年人社会交往能力	L3	L2
				19-03-19	能依据评估指标准确计算评定结果得分，分析、确定评估对象的社会参与能力分级	L3	L2
		19-04	需求评估	19-04-01	能评估失能、失智老人基本生活服务需求、安全防护需求	L3	L2
				19-04-02	能评估老年人维护功能和促进能力康复的照护需求、对生活和康复辅具的需求	L3	L2
				19-04-03	能评估老年人对经济、文化、娱乐、学习、健身等社交活动服务的需求	L3	L2
				19-04-04	能评估老年人对生产性社会参与服务的需求	L3	L2
		19-05	照护等级评定	19-05-01	熟练掌握照护等级的评估方法、分级标准	L3	L2
				19-05-02	掌握不同等级照护服务内容	L3	L2
				19-05-03	能统计、分析评估对象各项能力评估得分和能力分级数据	L3	L2
				19-05-04	能依据老年人能力等级标准评定评估对象能力等级	L3	L2
				19-05-05	能全面规范填写《老年人能力评估报告》，并将评估结果与照护等级相对应，确定相应的照护服务内容	L3	L2
				19-05-06	能客观全面陈述评估过程和结果，提供符合复核要求的全套评估文件资料	L3	L2
				19-05-07	日常观察老人情况，及时根据老人的身体情况变化进行照护等级的复核，并向相关部门申请照护等级及照护计划的调整	L3	L2

续表

工作项目		工作任务		职业能力		学习水平	
项目编号	项目名称	任务编号	任务名称	能力编号	能力名称	高职 Lj	职教本科 Lk
20	风险管理	20-01	事件事故的风险预警	20-01-01	及时发现健康安全类（如老人身体情况、疾病情况、食品药品安全）的隐患，并及时报告上级处理	L3	L2
				20-01-02	能熟练运用相关老年人权益、意外伤害处理等相关的法律法规	L3	L2
				20-01-03	及时发现工程安保类（消防、环境安全、设施设备）的隐患，并及时报告上级处理	L3	L2
		20-02	老人退住风险预测	20-02-01	提前了解退住原因（护理员照护质量、产品价格、老人个人因素、老人家庭因素），及时与老人和家属进行沟通、情感维系，并解决问题	L3	L2
		20-03	员工离职风险预测	20-03-01	有员工离职风险的预警意识	L3	L2
				20-03-02	提前了解团队成员的基本情况（心理情况、工作状态等），初判员工离职原因（工作量、薪资待遇、个人因素等）、及时报备人资部门	L3	L2
				20-03-03	对员工进行心理疏导，减少员工离职率	L3	L2
		20-04	风险处理	20-04-01	熟悉了解各类风险处理的规范和流程	L3	L2
				20-04-02	具备应急处理的技能（心肺复苏、噎食处理、跌倒应急处理、走失等）	L3	L2
				20-04-03	对能力范围内能解决的风险点立即解决	L3	L2
				20-04-04	对于能力范围外的风险（如疾病等）能够立即报告相关人员	L3	L2
				20-04-05	对事故现场进行控制、合理分配人员	L3	L2
				20-04-06	能够正确填写事件事故报告	L3	L2
21	销售准备	21-01	开拓渠道	21-01-01	了解渠道信息和开拓方法：线上推广（百度、养老平台等），线下推广（老干局、离退休处等）	L1	L1
				21-01-02	能够通过线上推广的方式获取客户	L1	L1
				21-01-03	能够通过线下推广的方式获取客户	L1	L1
		21-02	熟悉产品	21-02-01	了解产品的动态：带客路线、房间、价格、销售说辞	L1	L1
				21-02-02	及时了解产品的动态，如房间、价格等	L1	L1
				21-02-03	熟悉产品特点及推介流程	L1	L1
		21-03	客户咨询	21-03-01	熟悉本公司产品特点及行业竞品，能够熟练介绍本公司产品及与行业竞品的区别	L1	L1
				21-03-02	能熟知公司产品价格及行业定位，及时解决客户提出的有关价格方面的问题	L1	L1

续表

工作项目		工作任务		职业能力		学习水平	
项目编号	项目名称	任务编号	任务名称	能力编号	能力名称	高职Lj	职教本科Lk
				21-03-03	掌握服务礼仪，给客户提供良好的体验	L1	L1
				21-03-04	掌握沟通技巧，能够正确理解客户所咨询问题	L1	L1
		21-04	理解需求	21-04-01	掌握问询技巧，了解客户状况及要求：自理（大环境、饮食、户型需求），护理（人员配置、医疗配置、饮食、护理需求、抢救措施）	L1	L1
				21-04-02	了解客户消费预算	L1	L1
				21-04-03	熟悉客户需求评估表，能够按要求正确填写	L1	L1
		21-05	介绍产品	21-05-01	具备产品推介技巧和语言技巧	L1	L1
				21-05-02	熟悉产品推介流程并讲解，能根据客户要求进行流程调整	L1	L1
				21-05-03	能根据客户需求因素的权重比例，进行合理的推荐和建议（服务内容以及户型）	L1	L1
				21-05-04	能协调处理客户非标服务需求	L1	L1
				21-05-05	熟悉服务沟通的基本礼仪和语言技巧，捕捉客户的行为表情，揣摩客户的消费心理及消费动机	L1	L1
				21-05-06	能够准备识别影响客户签约的影响因素	L1	L1
				21-05-07	了解行业同类产品的服务内容和报价	L1	L1
22	产品销售	22-01	确定服务内容	22-01-01	确定需求细节（服务内容、房型等）	L1	L1
				22-01-02	根据客户的反馈情况，制订服务方案并与客户进行最终确认	L1	L1
				22-01-03	熟悉销售说辞，引导签约	L1	L1
				22-01-04	能够安排签约时间、付款方式等签约细节	L1	L1
		22-02	入住安排	22-02-01	能够按入院管理流程及时记录客户的需求并反馈给相关部门	L1	L1
				22-02-02	能建立服务档案，熟悉掌握归档、调档，档案完善的规范	L1	L1
				22-02-03	具备跨部门沟通协调能力（协调车辆安排，房间整理，餐饮安排等）	L1	L1
				22-02-04	能够提前告知老人入住注意事项、携带物品（如身份证件）	L1	L1
		22-03	签约	22-03-01	熟悉并理解合同内容，能够给客户清楚讲解合同条款	L1	L1
				22-03-02	熟悉企业照护服务内容及收费标准，能向老人或家属准确告知评估结果、照护等级、照护服务内容	L1	L1

续表

工作项目		工作任务		职业能力		学习水平	
项目编号	项目名称	任务编号	任务名称	能力编号	能力名称	高职Lj	职教本科Lk
				22-03-03	能够解释合同要点（三方权利以及义务，计费规则），并确认签字	L1	L1
				22-03-04	能够向顾客说明合同违约注意事项及承担责任	L1	L1
				22-03-05	掌握合同谈判技巧，能够处理客户合同签订过程中的异议，并达成一致促成合作	L1	L1
		22-04	熟悉产品及销售话术	22-04-01	熟知销售话术及销售技巧	L1	L1
				22-04-02	熟知产品功能、卖点及文化寓意	L1	L1
		22-05	产品介绍	22-05-01	能够准确介绍产品的核心卖点	L1	L1
				22-05-02	能够给客户介绍产品细节	L1	L1
		22-06	异议处理	22-06-01	能够处理价格、服务、产品方面的异议	L1	L1
				22-06-02	熟知公司异议的处理方法	L1	L1
				22-06-03	面对不能处理的异议问题，上报上级领导处理	L1	L1
		22-07	销售达成	22-07-01	掌握优惠成交法、时间成交法、从众成交法、假设成交法	L1	L1
				22-07-02	能够完成产品销售	L1	L1
23	售后跟进	23-01	服务跟进	23-01-01	提供必要信息，协助制订老人照护计划	L1	L1
				23-01-02	为老人提供入住适应关怀，帮助其适应环境	L1	L1
				23-01-03	及时收集家属意见，反馈跟进	L1	L1
				23-01-04	能够评价老人入住感受	L1	L1
		23-02	客户回访	23-02-01	能够及时跟进未签约客户	L1	L1
				23-02-02	了解客户未签约原因，提供优化方案	L1	L1
				23-02-03	记录客户提出的问题，为后续优化改进提供意见	L1	L1
		23-03	数据整理	23-03-01	熟悉报告及数据整理的要求	L1	L1
				23-03-02	整理日报、周报、月报以及市场竞品分析	L1	L1
24	市场调研	24-01	了解市场	24-01-01	了解市场调研方法	L2	L2
				24-01-02	熟练使用调研工具	L2	L2
				24-01-03	能够分析调研结果	L2	L2
		24-02	制订市场调研方案	24-02-01	明确调研目标	L2	L2
				24-02-02	能够根据市场调研方案做经费预算	L2	L2
		24-03	熟悉行业	24-03-01	实时、实地了解竞品的客户收费情况	L2	L2
				24-03-02	了解并分析竞品项目的卖点与销售情况	L2	L2

续表

工作项目		工作任务		职业能力		学习水平	
项目编号	项目名称	任务编号	任务名称	能力编号	能力名称	高职Lj	职教本科Lk
		24-04	数据分析	24-04-01	了解客户体验、购买产品的目的，并进行需求分析	L2	L2
				24-04-02	根据客户签约数据，分析产品目标人群特征	L2	L2
				24-04-03	掌握数据管理与分析方法，分析区域客户群体	L2	L2
				24-04-04	掌握数据挖掘与分析方法，分析业绩增减的原因	L2	L2
				24-04-05	能够结合实际情况给出建议（如人群定位、收费标准、优惠方案等）	L2	L2
		24-05	了解政策	24-05-01	了解国家、省份、市、行业的最新政策，能够进行政策解读及宣传	L2	L2
				24-05-02	跟进国家、省份、市、行业的政策在企业的落实情况	L2	L2
		24-06	竞品调研	24-06-01	了解竞品所属行业、定位；了解竞品优势、劣势	L1	L1
				24-06-02	体验竞品，了解竞品特点	L1	L1
		24-07	编写调研报告	24-07-01	熟练使用办公软件（PPT、Excel、Word）、思维导图等工具	L1	L1
				24-07-02	充分了解市场情况、经济形势、价格等	L1	L1
				24-07-03	能够分析产品的亮点、痛点	L1	L1
				24-07-04	能制作竞品调研报告，通过大数据分析等方法了解受众人群喜好	L1	L1
25	市场开拓	25-01	市场规划	25-01-01	根据公司发展方向，确定销售目标及业务规划	L2	L2
				25-01-02	能够根据市场情况分解销售目标	L2	L2
		25-02	品牌宣传	25-02-01	能够分析品牌定位	L2	L2
				25-02-02	熟知线上宣传手段进行品牌推广（微信、抖音、大众点评等）	L2	L2
				25-02-03	熟知线下宣传方式进行品牌推广（发单、老干局等）	L2	L2
		25-03	活动策划	25-03-01	能够确定活动目的并制订活动方案	L2	L2
				25-03-02	能够按产品品类区分客户，定位目标客户群体	L2	L2
				25-03-03	能够根据活动方案，落实活动物资、人员分配，执行推广计划	L2	L2
				25-03-04	能对策划与组织的活动经费做好预算	L2	L2
				25-03-05	能对策划与组织的活动进行总结	L2	L2

续表

工作项目		工作任务		职业能力		学习水平	
项目编号	项目名称	任务编号	任务名称	能力编号	能力名称	高职 Lj	职教本科 Lk
		25–04	市场需求调查	25–04–01	掌握渠道信息和制订开拓计划，线上推广（微信、抖音、大众点评），线下推广（发单、老干局等）	L2	L2
		25–05	客户开发及分配	25–05–01	掌握客户开发渠道，能够通过网络、市场走访、第三方信息收集客户信息	L2	L2
				25–05–02	掌握团队成员的客户情况	L2	L2
				25–05–03	能够准确整理转介绍客户信息	L2	L2
				25–05–04	根据区域、智慧管家能力、业绩完成情况等，分配客户资源	L2	L2
26	工作安排与协调	26–01	满意度调查	26–01–01	制订问卷内容，分配工作	L2	L2
				26–01–02	满意度问卷收集并分析	L2	L2
				26–01–03	能够及时对不满意情况进行跟踪调查	L2	L2
		26–02	绩效管理	26–02–01	评价团队成员的业绩量	L2	L2
				26–02–02	考察选拔工作程序，定期组织培训	L2	L2
		26–03	客户异议处理	26–03–01	根据投诉内容，理解他人表达的能力，并及时处理	L2	L2
27	客户信息收集	27–01	客户数据统计	27–01–01	熟练使用统计工具	L1	L1
				27–01–02	能够按要求收集客户信息（如企业规模、关键决策人、联系方式等）	L1	L1
		27–02	客户拜访	27–02–01	掌握商务礼仪，掌握仪容仪表及基本形象管理的技能	L1	L1
				27–02–02	能够执行客户跟踪计划，与客户保持接触，争取达成交易	L1	L1
				27–02–03	能够进行客户价值判断及购买力评估	L1	L1
				27–02–04	能够与客户交流挖掘客户需求	L1	L1
28	客情维护	28–01	客户跟踪	28–01–01	能够了解客户产品试用情况，并将客户信息进行反馈	L1	L1
				28–01–02	能够掌握客户产品使用情况，针对客户需求进行二次开发	L1	L1
				28–01–03	能够掌握客户复购意向，推荐合适的产品搭配	L1	L1
				28–01–04	能够梳理总结客户复购的主要因素	L1	L1
		28–02	客户信息收集	28–02–01	能够为客户建立档案，进行信息收集	L1	L1
				28–02–02	能够对客户需求进行归类	L1	L1
				28–02–03	能够与客户保持联系，不定期对客户进行回访，准备二次开发	L1	L1

续表

工作项目		工作任务		职业能力		学习水平	
项目编号	项目名称	任务编号	任务名称	能力编号	能力名称	高职 Lj	职教本科 Lk
29	推广计划设计	29-01	品牌推广	29-01-01	熟知品牌推广途径、渠道	L2	L2
				29-01-02	能够根据公司需求、投入，制订合理的品牌推广方案	L2	L2
				29-01-03	能够收集推广效果数据（客户调查、客户来源）	L2	L2
				29-01-04	能够根据品牌推广效果，优化品牌推广方案	L2	L2
		29-02	产品推广	29-02-01	能够根据产品类型、服务对象，进行精准推广	L2	L2
				29-02-02	能够根据产品推广效果，优化推广方案	L2	L2
30	推广活动组织	30-01	推广活动计划安排	30-01-01	根据经营目标，制订推广活动内容与计划	L2	L2
				30-01-02	掌握地推、线上推广、电话推广、新媒体推广、合作推广等推广方式，根据经营目标，落实推广媒介组合	L2	L2
				30-01-03	根据推广活动内容，较准确地预估推广成本和效果	L2	L2
		30-02	推广活动实施	30-02-01	根据推广计划，合理安排人员完成推广活动	L2	L2
				30-02-02	根据推广实施方案，完成物资采购、人员安排、资源准备等工作	L2	L2
31	员工培养与维护	31-01	确定员工发展方向及制订计划	31-01-01	熟知公司岗位发展路径，能够根据公司的发展情况制订计划、调配员工工作	L2	L2
				31-01-02	能够根据员工自身发展情况及发展方向、公司岗位设定情况制订员工成长计划	L2	L2
				31-01-03	能够根据员工绩效完成情况进行晋升调整	L2	L2
		31-02	员工培训组织	31-02-01	能够根据客户意见、员工不足、服务质量等情况制订员工培训课程方案	L2	L2
				31-02-02	能够按公司要求给新员工进行岗前培训	L2	L2
				31-02-03	熟练使用 PPT 制作培训课件	L2	L2
		31-03	员工心理辅导	31-03-01	能够对员工进行正能量引导、鼓励，树立爱岗敬业精神	L2	L2
				31-03-02	能够培养员工的情绪管理能力，时刻保持良好的工作状态	L2	L2
				31-03-03	能够给予员工方法指导，增强适应能力	L2	L2
				31-03-04	能够帮助员工做好工作安排，平衡家庭与工作	L2	L2
32	业务洽谈	32-01	与第三方公司洽谈业务	32-01-01	熟知获取资源的渠道	L2	L2
				32-01-02	熟知业务洽谈技巧，具备商务谈判能力，熟知商务礼仪	L2	L2
				32-01-03	能够根据订单需求寻求第三方公司合作	L2	L2

续表

工作项目		工作任务		职业能力		学习水平	
项目编号	项目名称	任务编号	任务名称	能力编号	能力名称	高职 Lj	职教本科 Lk
				32-01-04	能够根据公司需求、第三方公司需求，制订合作方案（方案、标书）	L2	L2
				32-01-05	熟练使用 PPT 制作合作方案	L2	L2
33	工作目标制订	33-01	确定目标	33-01-01	能够按产品品类分解销售目标	L2	L2
				33-01-02	能够按市场分解销售目标	L2	L2
				33-01-03	能够按时间分解销售目标（月、周、日）	L2	L2
		33-02	执行计划	33-02-01	能够根据各类目标制订执行计划	L2	L2
				33-02-02	能够针对网络收集、第三方收集、市场走访及转介绍的客户进行开发	L2	L2
				33-02-03	具备组织会员促销，引导客户续费的技巧	L2	L2
		33-03	预期目标设定	33-03-01	根据目标完成率分析，设定合理的预期目标	L2	L2
				33-03-02	掌握预期目标分解的原则	L2	L2
		33-04	总结分析	33-04-01	能够对目标完成率、满意度统计分析	L2	L2
				33-04-02	熟悉公司或常用的统计软件，进行成单率、续单率的统计	L2	L2
				33-04-03	能够进行工作问题总结及作出解决方案	L2	L2
34	文件管理	34-01	日常数据统计	34-01-01	熟悉公司或常用的统计软件，进行员工流失率统计	L2	L2
				34-01-02	熟悉公司或常用的统计软件，进行客户满意度统计	L2	L2
				34-01-03	熟悉公司或常用的统计软件，进行目标实现率统计	L2	L2
		34-02	工作总结	34-02-01	按照公司要求，提交日、周、月、季度、年度工作总结	L2	L2
				34-02-02	掌握工作复盘的方法和步骤	L2	L2
35	业务员培训	35-01	培训行业知识	35-01-01	培训行业前景、市场需求、同行情况	L2	L2
				35-01-02	根据培训内容确定考核内容	L2	L2
		35-02	培训销售技巧	35-02-01	具备沟通技巧、谈判技巧	L2	L2
				35-02-02	具备职场案例的培训技巧	L2	L2
				35-02-03	根据模拟情景进行实操演练	L2	L2
		35-03	培训业务员工作内容	35-03-01	熟悉客户服务内容（直接或间接）	L2	L2
				35-03-02	具备处理客户投诉的技巧	L2	L2
				35-03-03	能够进行跟岗培训	L2	L2

续表

工作项目		工作任务		职业能力		学习水平	
项目编号	项目名称	任务编号	任务名称	能力编号	能力名称	高职Lj	职教本科Lk
36	信息管理	36-01	客户信息维护	36-01-01	能够制订客户信息表（基本信息、客户爱好、个性化信息等）	L2	L2
				36-01-02	能够及时跟进客户信息变化并修改客户信息	L2	L2
		36-02	费用管控	36-02-01	熟知公司费用申请流程并进行申请	L2	L2
				36-02-02	能够监控费用使用情况	L2	L2
				36-02-03	熟知公司报销结案流程并进行报销	L2	L2
		36-03	销售目标跟进	36-03-01	能够定期更新销售数据	L2	L2
				36-03-02	根据销售数据，分析销售目标实现率	L2	L2
				36-03-03	了解客户对接最新目标实现情况	L2	L2
37	产品运营	37-01	数据监控与分析	37-01-01	熟悉掌握产品的名称、价格、功能参数、服务保障等基本信息	L1	L1
				37-01-02	熟练使用 Excel 工具进行每日经营数据统计	L1	L1
				37-01-03	熟练使用 PPT 工具制作经营数据汇报材料	L1	L1
				37-01-04	能够使用产品管理相关系统进行产品上下架操作	L1	L1
				37-01-05	能够阅读数据报表并监控关键经营指标数据是否有数据突增、突降等异常	L1	L1
		37-02	营销文案撰写	37-02-01	能够编写有吸引力的短信文案	L1	L1
				37-02-02	能够编写有吸引力的微信消息文案	L1	L1
				37-02-03	能够编写有吸引力的电话营销文案	L1	L1
		37-03	开展营销工作	37-03-01	能够使用短信营销工具对客户开展短信营销	L1	L1
				37-03-02	能够使用微信公众平台对客户开展微信消息营销	L1	L1
				37-03-03	能够使用智能语音外呼工具对客户开展外呼营销	L1	L1
		37-04	卖点总结与产品优化	37-04-01	能够挖掘产品在价格、质量、配套服务、业界评价等方面的优势并归纳宣传卖点	L1	L1
				37-04-02	能够记录客户反馈意见并将高频次的反馈意见反馈给产品设计人员	L1	L1
38	用户运营	38-01	掌握用户运营相关知识	38-01-01	熟悉掌握企业制订的服务范围和服务内容相关说明文件	L1	L1
				38-01-02	能够判断照护人员是否按照企业规定的服务规范提供服务	L1	L1
		38-02	用户日常运营	38-02-01	能够根据客户的年龄、性别、职业、个人偏好等将客户分成不同的类型	L1	L1
				38-02-02	能够识别有流失倾向的老客户并开展挽留工作	L1	L1

续表

工作项目		工作任务		职业能力		学习水平	
项目编号	项目名称	任务编号	任务名称	能力编号	能力名称	高职 Lj	职教本科 Lk
				38-02-03	能够受理客户投诉并尝试处理，以及将无法处理的客户投诉向上级反馈	L1	L1
				38-02-04	能够通过电话、短信、线下拜访等方式对重要客户进行关系维护	L1	L1
				38-02-05	能够通过电话、短信、线下拜访等对有意向购买产品和服务的客户进行持续跟踪，促成交易	L1	L1
39	商户运营	39-01	商户管理	39-01-01	熟悉掌握供应商管理系统的基本功能和操作方法	L1	L1
				39-01-02	能够根据采购人员提供的信息进行供应商信息的管理与维护	L1	L1
				39-01-03	能够根据企业标准对采购人员提供的供应商资料的完整性与准确性进行审核	L1	L1
		39-02	商户日常运营	39-02-01	能够使用快递服务对商业往来相关资料进行邮寄和收取	L1	L1
40	市场运营	40-01	推广计划制订	40-01-01	能够搜集竞争对手的线上广告和线下广告投放内容、投放渠道等信息	L1	L1
				40-01-02	能够根据企业的市场推广预算制订具体的推广计划	L1	L1
				40-01-03	能够结合不同投放渠道面向的不同客户类型制订具体的宣传卖点	L1	L1
		40-02	推广效果跟踪	40-02-01	能够对传播方案的实施进行监督，检验是否在约定的方式内完成投放	L1	L1
				40-02-02	能够比较分析各种投放资源带来的实际效果，对投放方式是否有效作出评价	L1	L1
41	业务管理	41-01	数据监控与分析	41-01-01	能够制订每日、每周经营数据追踪的数据分析指标项要求	L2	L2
				41-01-02	能够制订月度、季度经营效果汇报的数据分析指标项要求	L2	L2
				41-01-03	能够组织团队成员对专项开展的市场推广、客户经营重点项目撰写汇报材料并实时汇报	L2	L2
				41-01-04	能够针对监控到的经营数据异常作出判断并形成处理方案	L2	L2
		41-02	营销文案审核	41-02-01	能够对营销文案和营销语言的合规性、针对性和吸引力等方面进行审核	L2	L2
		41-03	客户运营方案制订	41-03-01	能够针对竞争对手市场推广策略制订本企业市场推广的预算使用计划	L2	L2

续表

工作项目		工作任务		职业能力		学习水平	
项目编号	项目名称	任务编号	任务名称	能力编号	能力名称	高职 Lj	职教本科 Lk
				41-03-02	能够根据对客户类型的划分方法进行决策并制订针对性的线上、线下宣传策略	L2	L2
				41-03-03	能够申请或协调客户挽留资源并制订客户挽留工作规范	L2	L2
				41-03-04	能够申请或协调客户关系，维护资源并制订客户维系工作规范	L2	L2
				41-03-05	能够统筹管理客户关系相关工作所需的成本使用，形成清晰的台账和维系效果分析	L2	L2
42	组织管理	42-01	团队工作安排	42-01-01	能够组织团队成员有效落实公司自上而下分配的各项工作安排	L2	L2
		42-02	运营工作考核	42-02-01	能够对运营人员的产品运营工作制订评价标准并进行评价考核	L2	L2
				42-02-02	能够对运营人员的服务监督工作制订评价标准并进行评价考核	L2	L2
				42-02-03	能够对运营人员的市场推广工作制订评价标准并进行评价考核	L2	L2
				42-02-04	能够制订客户投诉的受理规范并对运营人员的受理结果进行评价考核	L2	L2
		42-03	供应商管理工作考核	42-03-01	能够制订供应商信息管理与维护的工作规范并进行评价考核	L2	L2
43	系统与权限管理	43-01	管理运营各项系统及权限	43-01-01	能够进行产品管理相关系统的权限管理	L2	L2
				43-01-02	能够收集运营人员在短信营销工具、智能外呼营销工具使用中的问题并向系统开发人员提出优化需求	L2	L2
				43-01-03	能够对微信公众平台的权限、功能、消息发送策略进行统筹管理	L2	L2
				43-01-04	能够进行供应商管理相关系统的权限管理	L2	L2
44	采购前准备	44-01	供应商开发与维护	44-01-01	了解找寻供应商资源的渠道	L1	L1
				44-01-02	了解企业供应商审核标准和规范，完成供应商审核	L1	L1
				44-01-03	能够正确填写供应商评估表	L1	L1
		44-02	采购需求确定	44-02-01	对老年群体的生理心理、生活习性有基本的了解	L1	L1
				44-02-02	对市面成熟的涉老产品有基本了解，可以根据各部门需求给予合适的产品推荐	L1	L1
				44-02-03	能够与各部门沟通确定采购需求（产品型号、数量等）	L1	L1

续表

工作项目		工作任务		职业能力		学习水平	
项目编号	项目名称	任务编号	任务名称	能力编号	能力名称	高职 Lj	职教本科 Lk
45		44-03	询价 / 比价 / 议价	44-03-01	具备价格谈判技巧	L1	L1
				44-03-02	能够按产品需求确定供应商进行询价	L1	L1
				44-03-03	能够根据订单成本情况进行比较	L1	L1
				44-03-04	能够与供应商进行价格谈判，节约采购成本	L1	L1
45	采购过程	45-01	采购计划制订	45-01-01	能够汇总本批次采购需求，完成系统数据更新	L1	L1
				45-01-02	能够准确将采购需求转化为订单并发送给供应商	L1	L1
				45-01-03	能够按规范制作交货安排及进度日程给供应商	L1	L1
		45-02	采购入库	45-02-01	能够协调安排供应商货物入库	L1	L1
				45-02-02	能够协助完成数量及品质检查，妥善处理异常情况（调货、换货等）	L1	L1
		45-03	监督检查	45-03-01	熟练掌握各类物资的名称、型号、规格、单价、用途和产地，保证购进物资符合质量要求	L1	L1
46	采购后续工作	46-01	沟通交流	46-01-01	具有与各部门沟通的意识，及时了解产品使用情况	L1	L1
				46-01-02	能够合理安排各部门采购需求，科学安排控制采购成本	L1	L1
				46-01-03	就采购情况，与供应商就产品及服务效果进行沟通	L1	L1
		46-02	采购结算	46-02-01	了解付款手续和流程	L1	L1
				46-02-02	能够协助财务结算及相关发票收取	L1	L1
		46-03	采购效果评估	46-03-01	能够完成单次采购效果评价（预期目标完成情况、产品及服务满意度、采购成本等）	L1	L1
				46-03-02	能够根据评价结果提出采购方案优化建议	L1	L1
		46-04	资料维护	46-04-01	熟悉企业采购资料维护规范及要求	L1	L1
				46-04-02	能够按时、准确更新供应商档案	L1	L1
				46-04-03	能够按时、准确更新产品档案	L1	L1
				46-04-04	能够按时、准确更新采购档案	L1	L1
47	供应商管理	47-01	产品引进	47-01-01	能够根据市场信息［系统信息（品牌、热度、销售数据）等］的变化，对新品是否引进作出判断（事前引进、业务中引进）	L2	L2
		47-02	业务跟进	47-02-01	能够根据外界环境的变化，对产品销售价格进行指导（销售单元）	L2	L2
				47-02-02	通过分析供应商数据（销售、毛利、盈利创收），对亮点、不足进行分析	L2	L2

续表

工作项目		工作任务		职业能力		学习水平	
项目编号	项目名称	任务编号	任务名称	能力编号	能力名称	高职 Lj	职教本科 Lk
				47-02-03	能够准确接收客服、供应商反馈的投诉问题	L2	L2
				47-02-04	能够对投诉问题进行分析，及时和供应商、运营部门沟通解决问题	L2	L2
				47-02-05	定期回顾采购方案执行效果，提出优化策略	L2	L2
48	利润管理	48-01	利润争取	48-01-01	掌握公司可对外进行利润争取的项目（广告、运营支持、增量业务）和方式（电汇支付、票折支付、赠品）	L2	L2
				48-01-02	能够完成对供应商的宣传，并确定可争取的利润项目	L2	L2
		48-02	利润收取	48-02-01	了解公司相关利润收取的制度要求	L2	L2
				48-02-02	能够根据公司相关制度要求对前期进行的供应商额外利润协议进行系统的估算管理，准确预测公司可收取的利润金额	L2	L2
				48-02-03	能够根据前期对供应商利润的估算，完成预定时限内的利润收取	L2	L2
				48-02-04	能够根据前期估算和实收数据，进行利润的清算，进行查漏补缺	L2	L2
				48-02-05	能够填写利润延伸调整单，交给财务相关人员进行申请和审批（多估情况）	L2	L2
				48-02-06	能够在采购系统中进行少估利润的补估处理（少估情况）	L2	L2
49	检查工作	49-01	抽查、监督	49-01-01	日常工作执行情况（考勤、服务质量、工作态度、学习情况），通过客户、其他部门的业务关系抽查员工工作情况	L2	L2
		49-02	检查盘点工作	49-02-01	检查实物与数据一致性	L2	L2
				49-02-02	能够发现实物与数据不一致性	L2	L2
50	采购团队管理	50-01	团队组建与日常管理	50-01-01	能够清晰列出采购专员的岗位职责，提出用人需求	L2	L2
				50-01-02	能够合理评估人员综合能力，为人力部门招聘员工提供专业意见	L2	L2
				50-01-03	能够根据业绩目标和团队现状正确分解业务指标到团队个人	L2	L2
				50-01-04	能够将总的单量操作合理分配	L2	L2
				50-01-05	及时了解团队成员工作进度和实现情况，及时调整计划	L2	L2
				50-01-06	围绕团队目标及团队成员的薄弱环节，有针对性地开展培训	L2	L2

续表

工作项目		工作任务		职业能力		学习水平	
项目编号	项目名称	任务编号	任务名称	能力编号	能力名称	高职 Lj	职教本科 Lk
51	产品需求调研	51-01	具备调研基本知识	51-01-01	了解市面上成熟的涉老产品及其优缺点	L1	L1
				51-01-02	熟练掌握市场调研的基本工具和分析方法（如线上问卷、面对面访谈、用户观察等）	L1	L1
		51-02	组织产品需求调研	51-02-01	清楚了解调研目的，如目标用户基本特征、同类产品使用情况及真实感受、购买意愿等	L1	L1
				51-02-02	能够根据调研对象和调研预算选择合适的调研方式、获取调研数据	L1	L1
		51-03	调研结果分析	51-03-01	能够通过调研了解目标群体对产品色彩、造型、材质、功能的偏好，了解使用场景	L1	L1
				51-03-02	能够通过调研了解市面已有产品优缺点	L1	L1
				51-03-03	能够使用 PPT、Word 撰写调研分析报告	L1	L1
52	产品设计与研发	52-01	优质产品对标	52-01-01	熟悉了解日本、丹麦、加拿大等国家的成熟稳定的产品	L1	L1
				52-01-02	能够分析优质产品的参数、用材等优点，帮助优化自身产品	L1	L1
		52-02	产品设计	52-02-01	具备用户体验、交互等知识，能够以用户为中心设计产品	L1	L1
				52-02-02	熟悉老年群体的各类特征及状况，如生理、心理、认知能力、行为习惯等	L1	L1
				52-02-03	能够保证产品功能符合安全、舒适、易用等设计原则	L1	L1
				52-02-04	能够根据老年群体特征选择合适的色彩搭配、造型、材质	L1	L1
				52-02-05	能够确定产品定位（用户定位、产品设计定位等）	L1	L1
		52-03	代码编程	52-03-01	能够根据选定方案效果图，用手绘、CAD 等方式绘制三视图、大样图、局部图等，保证尺寸标注清楚无误	L1	L1
				52-03-02	能够清晰、准确标注产品材质要求、配色要求	L1	L1
				52-03-03	熟练掌握产品材料、工艺原理等相关信息	L1	L1
				52-03-04	能够准确列出材料清单（如规格、种类、配件等），计算所需材料价格、人工费用，并反馈给上级及财务部门	L1	L1
		52-04	产品生产	52-04-01	能够根据产品方案和预算选择合适的代工厂	L1	L1
				52-04-02	能够正确填写产品打样时间的进度，正确向上级汇报跟进情况	L1	L1
				52-04-03	样品有偏差时能够及时发现并修正	L1	L1

续表

工作项目		工作任务		职业能力		学习水平	
项目编号	项目名称	任务编号	任务名称	能力编号	能力名称	高职 Lj	职教本科 Lk
53	产品推广	53-01	市场建议	53-01-01	能够提炼产品核心卖点	L1	L1
				53-01-02	能够根据前期调研情况、成本情况为销售部门提供合理的价格建议	L1	L1
		53-02	产品维护	53-02-01	能够根据生产、销售数据、意见反馈及时改进产品	L1	L1
				53-02-02	定期跟进产品实际使用情况，能够及时发现产品问题，并提出改进意见或现场修正	L1	L1
54	产品管理	54-01	产品体系管理	54-01-01	能够定期、有效开展消费者、市场、行业等调查	L2	L2
				54-01-02	能够正确分析产品需求动态	L2	L2
				54-01-03	能够根据企业产品定位（如功能定位、受众定位、价格定位等）及当前已有产品来完善产品体系	L2	L2
				54-01-04	能够适时提出新产品研发、旧产品退出的计划	L2	L2
		54-02	设计管理	54-02-01	能够根据市场调研和公司定位进行产品的调研、分析、构思、表达	L2	L2
				54-02-02	能够指导产品专员的工作方案	L2	L2
				54-02-03	能够正确把握公司研发产品的总体效果	L2	L2
				54-02-04	正确组织审查方案图纸并提出解决技术问题的方案	L2	L2
		54-03	试制管理	54-03-01	能够有序地管理设计产品的打样、检测、市场验证过程	L2	L2
55	产品部门管理	55-01	团队管理	55-01-01	能够正确安排、监督部门内的工作	L2	L2
				55-01-02	能够正确分析与评估产品专员的业务能力水平	L2	L2
				55-01-03	能够开发和培养产品专员业务能力	L2	L2
				55-01-04	能够结合产品专员的能力现状及企业发展要求制订科学的培训计划	L2	L2
		55-02	费用管理	55-02-01	能够正确制订产品研发预算	L2	L2
				55-02-02	能够有效控制产品研发费用支出	L2	L2
		55-03	部门协调	55-03-01	能够有效地对销售部、运营部等提供技术支持（如提炼卖点）	L2	L2
56	信息整理	56-01	学员信息整理	56-01-01	熟悉运用 Word、Excel、PPT 办公软件	L1	L1
				56-01-02	具备信息整理与归纳的能力	L1	L1
		56-02	信息归档	56-02-01	熟悉公司对信息归档的管理要求和规范	L1	L1
				56-02-02	能够按照公司纸质化管理标准将纸质信息材料装订成册	L1	L1
				56-02-03	电子信息整理并储存至公司培训系统（报名表、信息汇总表、身份证、电子照片）	L1	L1

续表

工作项目		工作任务		职业能力		学习水平	
项目编号	项目名称	任务编号	任务名称	能力编号	能力名称	高职 Lj	职教本科 Lk
57	培训组织	57-01	考勤管理	57-01-01	每日打印纸质签到表（每日签到签退）	L1	L1
				57-01-02	会使用电子身份证、指纹识别、人脸识别等多种打卡方式，记录下载并整理打卡记录	L1	L1
				57-01-03	能够按照公司请销假制度负责培训学员的请销假管理	L1	L1
		57-02	制订开班计划	57-02-01	能够按照讲师课程制作培训计划表（包含时间、地点、用餐时间、休息时间以及培训时长）	L1	L1
				57-02-02	能够按照培训等级进行场地布置、教具准备	L1	L1
				57-02-03	具备组织开班仪式的能力（开班宣讲、介绍培训讲师、介绍公司产品）	L1	L1
				57-02-04	具备组织安排学员进行等级认定的能力	L1	L1
				57-02-05	能够协助讲师制作课程安排	L1	L1
		57-03	培训实施支持	57-03-01	能够按学员人数、会场要求等准备场地资源	L1	L1
				57-03-02	能够准备后勤资源：食、宿、交通等	L1	L1
				57-03-03	能准备办公物资：图文广告、会务资料、证书等	L1	L1
				57-03-04	能够协助讲师维持培训现场秩序，处理突发状况	L1	L1
58	客户对接	58-01	用人单位对接	58-01-01	能够与用人单位沟通培训需求	L1	L1
				58-01-02	能够与用人单位沟通人员需求（确定标准，筛选学员）	L1	L1
				58-01-03	熟知课程简章	L1	L1
				58-01-04	掌握招生沟通技巧（给企业、学员分析课程的背景、前景、就业方向、薪酬、课程内容等情况）	L1	L1
		58-02	学员对接	58-02-01	能够根据培训收集学员相关资料（报名表、身份证、电子照片）	L1	L1
				58-02-02	搭建学员沟通平台，能够及时回应学员关于培训安排的相关疑问	L1	L1
59	公务对接	59-01	政府采购项目对接	59-01-01	熟悉政府采购项目的流程及要求	L1	L1
				59-01-02	熟悉政府政策文件，能按要求编写各种培训资料（培训方案、资金预算等）并打印、盖章上交材料	L1	L1
				59-01-03	建立与对应部门（如就业局、人社局、民政局等）的沟通	L1	L1

续表

工作项目		工作任务		职业能力		学习水平	
项目编号	项目名称	任务编号	任务名称	能力编号	能力名称	高职 Lj	职教本科 Lk
		59-02	企业项目对接	59-02-01	具备商务沟通的技巧	L1	L1
				59-02-02	能够与企业对接人沟通培训需求，了解其个性化培训需求	L1	L1
				59-02-03	能够根据企业培训需求，协助讲师制订培训计划（培训内容、培训方式、培训对象等）	L1	L1
				59-02-04	能够定期调研客户需求，并反馈客户需求调查结果	L1	L1
				59-02-05	维护好与培训企业之间的良好关系	L1	L1
60	讲师岗前培训与考核	60-01	职业资格考核	60-01-01	掌握初级养老护理员理论和实操技巧	L2	L2
				60-01-02	掌握中级养老护理员理论和实操技巧	L2	L2
				60-01-03	掌握高级养老护理员理论和实操技巧	L2	L2
				60-01-04	具有高级养老护理员职业资格证 / 职业技能等级证书	L2	L2
				60-01-05	具有人社部门颁发的教师上岗证	L2	L2
		60-02	培训技能掌握	60-02-01	熟悉课程设计的理论基础，了解课程设计的操作流程	L2	L2
				60-02-02	了解游戏、故事、案例在课程设计中的运用技巧	L2	L2
				60-02-03	能够根据企业实际情况制订个性化培训方案、制作培训课程（例如员工风险防范意识建立、员工心理疏导、老人跌倒处置方案等）	L2	L2
				60-02-04	熟悉企业工作流程及服务标准	L2	L2
				60-02-05	具有胜任岗位工作任务和相应的专项能力	L2	L2
61	培训需求调查与评估	61-01	需求调查	61-01-01	了解培训需求的调查方法（如面谈法、观察法、小组讨论法、问卷调查法等）	L2	L2
				61-01-02	了解培训需求的分析方法	L2	L2
				61-01-03	能够从学员个人情况（年龄、技能水平、从业年限等）、岗位职责、企业人才结构、企业组织机构等层面分析培训需求的具体内容	L2	L2
				61-01-04	了解需求分析报告的撰写技巧	L2	L2
		61-02	需求评估	61-02-01	了解评估与需求调查的关系	L2	L2
				61-02-02	了解评估的流程、方法	L2	L2
				61-02-03	了解评估报告的撰写技巧	L2	L2
				61-02-04	能够根据需求评估情况拟定培训大纲，确定培训内容及培训形式	L2	L2
				61-02-05	能够与培训需求方沟通并确认培训大纲，确定培训内容及培训形式	L2	L2

续表

工作项目		工作任务		职业能力		学习水平	
项目编号	项目名称	任务编号	任务名称	能力编号	能力名称	高职 Lj	职教本科 Lk
62	专业培训	62–01	理论课件制作	62–01–01	熟练掌握 PPT 制作	L2	L2
				62–01–02	熟练使用 PS、剪辑音乐、视频软件	L2	L2
				62–01–03	能够根据养老护理员国家职业技能标准（2019 年版）的要求进行基础课程搭建	L2	L2
				62–01–04	具备书写案例分析的能力	L2	L2
				62–01–05	能按照培训需求匹配课题库	L2	L2
		62–02	线上视频录制	62–02–01	能够根据培训课程录制理论 + 实操结合的视频文件	L2	L2
		62–03	实操技能培训	62–03–01	能够根据养老护理员国家职业技能标准（2019 年版）要求开展初级、中级实操技能培训	L2	L2
				62–03–02	能够根据案例分析进行实操技能演练	L2	L2
				62–03–03	能够及时发现并指出学员在实操过程中的问题，并给予正确操作示范和细节讲解	L2	L2
				62–03–04	能因地制宜，根据学习特点与认知、学习能力，调整授课难度与方式	L2	L2
		62–04	教学基本规范	62–04–01	了解教案撰写技巧	L2	L2
				62–04–02	掌握教学授课技巧	L2	L2
				62–04–03	掌握教学语言规范（普通话标准、表达清晰）	L2	L2
				62–04–04	掌握讲师态势语言规范（着装、肢体动作）	L2	L2
		62–05	培训服务创新	62–05–01	能开发与创新培训主题	L2	L2
				62–05–02	能细化培训服务需求	L2	L2
				62–05–03	能开拓培训新模式	L2	L2
63	培训管理	63–01	学员管理	63–01–01	掌握培训期学员的心理状态	L2	L2
				63–01–02	能够识别心理状态不佳的学员，及时进行心理疏导	L2	L2
				63–01–03	能够根据学员年龄和个人特质，引导学员的学习及就业方向	L2	L2
		63–02	培训体系管理	63–02–01	能建立并优化培训体系	L2	L2
				63–02–02	能建立内部及外部师资库、教材库、试题库、案例库	L2	L2
				63–02–03	能组织教研活动，根据实际教学过程中的问题提出建设性意见和建议	L2	L2
64	技能认定	64–01	操作考核	64–01–01	具有人社部门颁发的考评员证	L2	L2
				64–01–02	具有高级养老护理员职业资格证 / 职业技能等级证书	L2	L2

续表

工作项目		工作任务		职业能力		学习水平	
项目编号	项目名称	任务编号	任务名称	能力编号	能力名称	高职 Lj	职教本科 Lk
				64-01-03	能够根据课程内容确定考核方式、考核项	L2	L2
				64-01-04	能够根据考核项和考核标准配实操场地，配备对应的教具	L2	L2
				64-01-05	能够准确判断考生实操水平，根据考生现场实际操作进行打分、签字	L2	L2
				64-01-06	能够对考生操作进行提问，并判断考生回答正确与否	L2	L2
				64-01-07	熟悉国家职业技能等级认定规范，做好考场纪律维护工作	L2	L2
				64-01-08	能够撰写考核总结报告，分析优缺点，提出改进办法	L2	L2
		64-02	资格认定	64-02-01	熟悉养老护理员理论考核制度，能够对考生的理论试卷阅卷并打分、签字	L2	L2
				64-02-02	熟悉养老护理员理论考核制度，能够对考生的实际操作考核成绩进行复评	L2	L2
65	岗位技能提升	65-01	职业资格晋升	65-01-01	积极参加各类理论交流与技能学习	L2	L2
				65-01-02	积极参加职业技能等级提升认定	L2	L2
				65-01-03	积极参加国家、省市级组织的养老服务技能大赛	L2	L2
		65-02	工作绩效完成	65-02-01	学员对讲师的授课质评结果为良及以上	L2	L2
				65-02-02	能够保持良好、积极的日常工作状态	L2	L2
				65-02-03	能够每月完成 2 场及以上培训	L2	L2
66	职业素养	66-01	沟通交流	66-01-01	具备与政府部门、企业其他部门的沟通的能力	L2	L2
				66-01-02	具备良好的礼仪（礼貌用语、服装整洁得体）	L1	L1
				66-01-03	了解政府、合作对象的背景知识	L2	L2
				66-01-04	具有较好的语言表达能力	L1	L1
				66-01-05	能够写工作总结报告	L2	L2
				66-01-06	掌握有效的沟通技巧	L1	L1
				66-01-07	能够与同行、下属分享学习成果	L2	L2
				66-01-08	能使用地方语言进行沟通交流	L1	L1
				66-01-09	有耐心、有爱心、善于倾听	L1	L1
				66-01-10	了解老人心理，能够找到话题与老人交流	L1	L1
				66-01-11	能恰当应用非语言沟通方式与老人交流	L1	L1
				66-01-12	能够创造合适的沟通环境	L1	L1

续表

工作项目		工作任务		职业能力		学习水平	
项目编号	项目名称	任务编号	任务名称	能力编号	能力名称	高职 Lj	职教本科 Lk
				66-01-13	能够把握有效沟通的时机	L1	L1
				66-01-14	具备健康宣教能力，能够向老人、家属传授科学健康的知识	L1	L1
		66-02	数字应用	66-02-01	具备物资管理能力（编号、盘点、折旧计算）	L2	L2
				66-02-02	能够完成满意度的统计分析汇总	L1	L1
				66-02-03	具备绩效考核能力	L2	L2
				66-02-04	能够完成日常记录表的填写	L1	L1
				66-02-05	能够应用考勤数据管理员工	L2	L2
				66-02-06	能够分析团队任务目标达到情况	L2	L2
				66-02-07	能耐心细致、快速准确地进行数字运算，并以 PPT 的形式呈现	L2	L2
				66-02-08	会使用基础办公软件、养老平台软件、医保软件	L1	L1
				66-02-09	能讲、能用、能介绍基本的智慧养老产品、康复运动产品	L1	L1
		66-03	创新能力	66-03-01	善于应用新技术、新方法	L2	L2
				66-03-02	善于思考问题、发现问题、解决问题	L1	L1
				66-03-03	具备优化管理流程的能力	L2	L2
				66-03-04	具有创新意识、探索精神	L1	L1
				66-03-05	具备检索文献、管理文献、撰写论文的能力	L1	L1
				66-03-06	具有批判性思维	L1	L1
		66-04	自主学习	66-04-01	积极参加行业及工作培训	L2	L2
				66-04-02	能够主动参与专业知识学习和业务培训	L1	L1
				66-04-03	具有开放的学习态度	L2	L2
				66-04-04	能够定期进行工作反思	L1	L1
				66-04-05	具有学以致用的能力，善于将理论知识应用到实践中	L2	L2
				66-04-06	能够合理安排学习和工作	L1	L1
				66-04-07	关注政府政策动向、行业新知识及发展动向	L2	L2
				66-04-08	能够选择合适的学习方法	L1	L1
		66-05	团队合作	66-05-01	具有团队合作精神	L1	L1
				66-05-02	具有沟通协调能力	L1	L1
				66-05-03	能够明确团队工作的统一目标	L1	L1

续表

工作项目		工作任务		职业能力		学习水平	
项目编号	项目名称	任务编号	任务名称	能力编号	能力名称	高职Lj	职教本科Lk
				66-05-04	能与同事、上下级和睦相处	L1	L1
				66-05-05	具备较强的执行力	L1	L1
		66-06	解决问题	66-06-01	对问题有敏感性，能及时发现问题	L2	L2
				66-06-02	具有发现问题、分析问题、解决问题的能力	L1	L1
				66-06-03	能通过沟通协调解决问题	L2	L2
				66-06-04	能够正确地选择与应用工具	L1	L1
				66-06-05	能善于利用、链接资源	L2	L2
				66-06-06	能正确地评估结果	L1	L1
				66-06-07	能够分清轻重缓急，有次序地解决问题	L2	L2
				66-06-08	善于总结经验，具有持续改进的能力	L1	L1
				66-06-09	善于平衡多方利益关系	L2	L2
				66-06-10	能够后续跟踪	L2	L2
				66-06-11	针对政府部门、危机事件能够提供分析报告	L2	L2
				66-06-12	善于运用谈判技巧处理投诉、纠纷等问题	L2	L2
		66-07	信息处理	66-07-01	关注机构、团队人员信息	L2	L2
				66-07-02	具有及时共享信息的意识	L1	L1
				66-07-03	能够完成内部信息归档、保密工作	L2	L2
				66-07-04	掌握分析信息的方法	L1	L1
				66-07-05	能及时完成信息传递	L2	L2
				66-07-06	能够使用计算机、打印机等常用办公设备	L1	L1
				66-07-07	具有筛选、处理信息的能力	L1	L1
		66-08	责任（安全）意识	66-08-01	能够合理应用安全评估工具	L1	L1
				66-08-02	具备评估风险的能力	L1	L1
				66-08-03	掌握自我防护的办法	L1	L1
				66-08-04	具有高度责任心	L1	L1
				66-08-05	妥善保管客户资料，不泄露客户信息，尊重客户隐私权，做好客户信息资料的保密工作	L1	L1
		66-09	应急处理能力	66-09-01	熟悉突发事件预案程序	L1	L1
				66-09-02	能够合理处理客户投诉	L1	L1
				66-09-03	能够快速、准确处理意外、突发事件	L1	L1
				66-09-04	具有法律意识和自我保护意识	L1	L1

续表

工作项目		工作任务		职业能力		学习水平	
项目编号	项目名称	任务编号	任务名称	能力编号	能力名称	高职 Lj	职教本科 Lk
		66-10	心理素质	66-10-01	具有良好的情绪管理能力	L1	L1
				66-10-02	掌握自我心理调适的方法和技巧	L1	L1
				66-10-03	具有抗压能力	L1	L1
				66-10-04	具有奉献精神	L1	L1
				66-10-05	能够沉着冷静地处理日常工作	L1	L1
		66-11	爱岗敬业	66-11-01	热爱养老行业	L1	L1
				66-11-02	尊重老人及其家属	L1	L1
				66-11-03	服务意识强，服务体贴周到、耐心细致，关注老人感受	L1	L1
		66-12	成本控制意识	66-12-01	对数据敏感，具有良好的成本控制意识	L2	L2
				66-12-02	能够制订合理的预算	L2	L2
				66-12-03	控制日常损耗，节约用水、用电，避免不必要的浪费	L1	L1
		66-13	团队管理	66-13-01	具有公平公正的意识	L2	L2
				66-13-02	能够合理明确团队分工	L2	L2
				66-13-03	能够建立流畅的团队沟通机制（定期会议、AB 角设置、团队活动等）	L2	L2
				66-13-04	能够营造团队文化，建立共同的价值观	L2	L2
				66-13-05	能够建立激励机制鼓励形成团队合作氛围	L2	L2
				66-13-06	能够预防团队成员冲突（合理分工、有效沟通、公平公正、换岗、团体活动等）	L2	L2
				66-13-07	能够调解团队成员的矛盾冲突	L2	L2
				66-13-08	能够开展多种形式的团队活动，具备团队活动组织能力	L2	L2
				66-13-09	能够按照团队成员能力及企业发展协助、指导制订个人成长计划	L2	L2
				66-13-10	能够跟进团队成员个人成长计划的执行情况	L2	L2
				66-13-11	能够为员工提供发展和晋升的途径（推荐、评价、鼓励竞选）	L2	L2
				66-13-12	能够定期组织学习活动，提高团队成员能力素质	L2	L2
				66-13-13	能够增加团队成员的行业归属感和自我效能感	L2	L2

续表

工作项目		工作任务		职业能力		学习水平	
项目编号	项目名称	任务编号	任务名称	能力编号	能力名称	高职Lj	职教本科Lk
		66–14	团队建设	66–14–01	能够定期举行员工活动（文娱、体育等）	L2	L2
				66–14–02	能够制订节假日福利的制度（物质、精神方面的关怀）	L2	L2
				66–14–03	能够通过制订各类奖项，激励团队成员的工作积极性	L2	L2
67	老年康体指导	67–01	中国传统体育健康服务	67–01–01	能评估老年人学练中国传统体育的安全性、有效性、强度与环境	L1	L1
				67–01–02	能为老年人讲解中国传统体育增进健康的原理和功效、独立连贯地展示标准的中国传统体育、指导并辅助老年人学练中国传统体育	L1	L1
				67–01–03	能为老年人制订中国传统体育活动计划、策划中国传统体育活动、组织并辅助老年人开展中国传统体育活动	L1	L1
		67–02	运动健身服务	67–02–01	能评估老年人学练中国传统体育的安全性、有效性、强度与环境	L1	L1
				67–02–02	能为老年人讲解中国传统体育增进健康的原理和功效、独立连贯地展示标准的中国传统体育、指导并辅助老年人学练中国传统体育	L1	L1
				67–02–03	能为老年人制订中国传统体育活动计划、策划中国传统体育活动、组织并辅助老年人开展中国传统体育活动	L1	L1
		67–03	老年游戏服务	67–03–01	能评估老年人参加游戏活动的安全性、游戏活动的有效性、活动的强度与环境	L1	L1
				67–03–02	能为老年人讲解游戏技术增进健康的原理和功效、独立连贯地展示标准的游戏技术、指导并辅助半自理老年人学练游戏技术	L1	L1
				67–03–03	能为老年人制订游戏活动计划、策划游戏活动、组织并辅助开展游戏活动	L1	L1
		67–04	身心活化服务	67–04–01	能评估老年人参加身心活化活动的安全性、有效性、强度与环境	L1	L1
				67–04–02	能为老年人讲解身心活化技术增进健康的原理和功效、展示标准的身心活化技术、指导并辅助半自理老年人学练身心活化技术	L1	L1
				67–04–03	能为老年人制订身心活化活动计划、策划身心活化活动、组织并辅助老年人开展身心活化活动	L1	L1
		67–05	音乐照护服务	67–05–01	能评估老年人参加音乐照护活动的安全性、有效性、强度与环境	L1	L1

续表

工作项目		工作任务		职业能力		学习水平	
项目编号	项目名称	任务编号	任务名称	能力编号	能力名称	高职 Lj	职教本科 Lk
				67–05–02	能为老年人讲解音乐照护技术增进健康的原理和功效、独立连贯地展示标准的音乐照护技术、指导并辅助半自理老年人学练音乐照护技术	L1	L1
				67–05–03	能为老年人制订音乐照护活动计划、策划音乐照护活动、组织并辅助半自理老年人开展音乐照护活动	L1	L1

附表二：教育教学活动按周时间分配表

专业名称：智慧健康养老管理　　专业代码：390302　　生源类型：普高及同等学力者

学年	学期	课堂教学	集中实践教学			入学教育	毕业教育	机动	合计
			军训	顶岗实习	其他集中实践				
一	一	16	2			1		1	20
	二	16			3			1	20
二	三	16			4				20
	四	16			2			2	20
三	五	16						4	20
	六	8		12					20
四	七	8		11			1		20
	八				8			12	20
合计		96	2	23	17	1	1	20	160

附表三：通识模块、专业课程模块教学进程表

专业名称：智慧健康养老管理　　专业代码：390302　　生源类型：普高及同等学力者

平台	模块	课程名称	考核方式	学分	教学时数			第一学年		第二学年		第三学年		第四学年	
					总计学时	讲授学时	实践学时	一	二	三	四	五	六	七	八
								16	16	16	16	16	16	16	16
公共基础课	思想政治理论类	思想道德修养和法律基础		3	48	48	0	3							
		马克思主义基本原理概论		3	48	48	0		3						
		中国近现代史纲要		2	32	32	0			2					
		习近平新时代中国特色社会主义思想概论		2.5	48	48	0								
		毛泽东思想和中国特色社会主义理论体系概论		5	80	80	0				5				

续表

平台	模块	课程名称	考核方式	学分	教学时数			第一学年		第二学年		第三学年		第四学年	
					总计学时	讲授学时	实践学时	一	二	三	四	五	六	七	八
								16	16	16	16	16	16	16	16
		形势与政策		2	32	32	0	1		1					
		思想政治理论课实践教学		1	16	0	16			1					
		军事理论	考试	1	16	16		1							
		小计 1		19.5	320	304	16	5	3	4	5				
	人文通识类	大学体育 1		1	16		16	1							
		大学体育 2		1	16		16		1						
		大学体育 3		1	16		16			1					
		大学体育 4		1	16		16				1				
		大学英语 1	考试	3	48	48	0	3							
		大学英语 2	考试	3	48	48	0		3						
		大学英语 3	考试	3	48	48	0			3					
		大学生信息技术基础		3	48	16	32		3						
		大学语文（上）		1	16	16	0	1							
		大学语文（下）		1	16	16	0		1						
		应用文写作		2	32	32	0		2						
		小计 2		20	320	224	96	5	10	4	1				
	职业类	大学生心理健康教育		2	32	16	16	2							
		大学生职业生涯规划		1	16	16	0		1						
		大学生就业指导		1	16	16	0						1		
		大学生安全教育		1	16	16	0								
		劳动教育		2	32	16	16		2						
		悦美教育		1.5	32	16	16								
		专业发展指导		1	16	16							1		
		小计 3		9.5	160	112	48	2	3				2		
合计 1				49	800	640	160	12	16	8	6		2		
专业领域	专业基础课	生理学基础	考试	2	32	16	16	2							
		人体解剖学	考试	4	64	32	32		4						
		智慧健康养老服务与管理概论	考试	4	64	32	32	4							
		老年照护基础		3	48	32	16			3					
		老年人沟通与服务礼仪		2	32	16	16				2				

续表

平台	模块		课程名称	考核方式	学分	教学时数			第一学年		第二学年		第三学年		第四学年	
						总计学时	讲授学时	实践学时	一	二	三	四	五	六	七	八
									16	16	16	16	16	16	16	16
			老年人心理慰藉实务（原老年人心理护理与康复咨询）		3	48	32	16				3				
			老年社会工作（养老机构方向）		3	48	32	16				3				
			社会学概论		3	48	32	16		3						
			小计 4		24	384	224	160	6	7	3	8				
	专业核心课		老年常见慢性病管理（原老年常见病预防与护理）	考试	4	64	32	32					4			
			老年人照护技能（原智慧健康养老照护）	考试	4	64	32	32				4				
			老年人康复与训练（原智慧老年康复护理）	考试	4	64	32	32						4		
			老年营养与膳食保健（原老年营养与膳食）	考试	4	64	32	32					4			
			智慧养老机构管理与实务	考试	4	64	32	32					4			
			老年风险防范及处理（新增课程）	考试	2	32	16	16					2			
			智慧养老产业经营与管理	考试	4	64	32	32					4			
			小计 5		26	416	208	208				4	18	4		
合计 2					50	800	432	368	6	7	3	12	18	4		
选修模块	专业拓展课	三选二	老年人健康监测与管理（原智慧老年健康咨询与管理）		3	48	16	32			3					
			养老产品营销实务（原市场营销策划实务）		3	48	16	32			3					
			老年人运动与保健（原老年推拿按摩）		3	48	16	32			3					
		三选二	社会调查方法		3	48	16	32				3				
			老年人活动策划与组织（原老年人活动与策划）		3	48	16	32				3				
			安宁照护（新增课程）		2	32	16	16					2			
			世界文化与风俗		2	32		32	第七学期开设线上课程，学生在线学习，不需排课							
			人口老龄化国情教育		2	32		32								
			智慧适老化环境设计		2	32		32								
			老年人辅具适配与使用		2	32		32								
			小计 6		19	304	64	240			6	3	2			

续表

平台	模块	课程名称	考核方式	学分	教学时数			第一学年		第二学年		第三学年		第四学年	
					总计学时	讲授学时	实践学时	一	二	三	四	五	六	七	八
								16	16	16	16	16	16	16	16
	公共选修课			8	144	144		公共选修课可从自然科学基础课程类、人文社科基础课程类、艺术类、创新创业类中选择。其中艺术类及创新创业类各至少选修2学分							
合计3				27	448	208	240			6	3	2			
总计				123	2048	1280	768	18	23	17	21	20	6		

附表四：实践模块教学进程表

专业名称：智慧健康养老管理　专业代码：390302　生源类型：普高及同等学力者

模块	课程名称	考核方式	学分	教学时数				第一学年		第二学年		第三学年		第四学年	
				总计		讲授学时	实践学时	一	二	三	四	五	六	七	八
				学时	周数			16	16	16	16	16	16	16	16
基本素质训练模块	军事训练		2	32	2		32	2							
	入学教育	考试	1	16	1	16		1							
	毕业教育		1	16	1	16								1	
	小计1		4	64	4	32	32	3						1	
专业基础技能训练模块	健康与养老产业创新创业教育		2	32	1	16	16		2						
	校外专业实践活动		1	16	1		16		1						
	失能照护技能		1	16	1		16			1					
	失智照护技能		1	16	1		16			1					
	小计2		5	80	4	16	64		3	2					
专业综合技能模块	自理照护技能		1	16	1		16				1				
	残疾照护技能		1	16	1		16				1				
	安宁照护技能		1	16	1		16				1				
	现代养老产品研发技能		1	16	1		16				1				
	顶岗实习（包含顶岗实习报告）		23	576	39		576						12	11	
	毕业设计		8	128	6		128								8
	小计3		35	768	49	0	768				4		12	11	8
合计			44	912	57	48	656	3	3	2	4		12	12	8

附表五：专业课时、学分统计表

专业名称：智慧健康养老管理　　专业代码：390302　　生源类型：普高及同等学力者

项目		课程类别	学时分布		学分分布	
			学时	占总学时比例（%）	学分	占总学分比例（%）
必修课	理论课	公共课	640	21.6		
		专业理论课	432	14.6		
		其他课程或活动				
		小计 1	1072	36.2		
	实践课	课内实训课	528	17.8		
		专业集中实践课	80	2.7		
		其他课程或活动	128	4.3		
		顶岗实习	576	19.4		
		毕业设计	128	4.3		
		总计 2	1440	48.6		
	必修课合计		2512	84.9		
选修课	理论课	公共课	144	4.9		
		专业理论课	64	2.2		
		其他课程或活动				
		总计 3	208	7.0		
	实践课	课内实训课	240	8.1		
		专业集中实践课				
		其他课程或活动				
		专业任选课				
		总计 4	240	8.1		
	选修课合计		448	15.1		
总计			2960	100	170	100
说明			本专业课程设置中必修课为 2512 课时（143 学分），占总课时的 84.90%（占总学分的 84.1%）；选修课为 448 课时（27 学分），占总课时的 15.1%（占总学分的 16.2%）。理论课 1280 课时，占总课时的 43.2%，实践课 1680 课时，占总课时的 56.8%			

智慧健康养老管理专业
职教本科层次人才培养质量标准

一、适用范围

本标准规定了智慧健康养老管理专业毕业生的刚性要求、质量评定等级划分等。

本标准适用于智慧健康养老管理专业四年制本科层次职业教育。

二、含义

毕业生质量标准是指能够确定是否准予学生毕业并评价学生所达到的毕业质量等级的规范性文件，应满足学生、家庭、社会、企业、学校以及政府等多方的利益诉求，体现标准的规范性、公平性和可操作性。

三、培养目标

遵循“夯实基础，突出应用，加强实践，注重学生创新能力和综合素质培养”的原则，以智慧养老服务实践为主线，以社会和国家需求为导向，培养德智体美劳全面发展，拥有良好职业道德和养老服务管理理念，掌握智慧养老服务基本知识和基本技术，具有爱心、责任心、服务意识、奉献精神，具备学术能力、专业理论架构及研究能力，具有人文情怀、较强实践能力和创新创业能力，能够满足国内外公办养老机构、民办养老机构、社区养老服务单位、养老产业等相关机构要求，面向健康养老产业和行业企业服务、管理、照护等岗位，能够胜任老年健康监测与照护、智慧健康养老管理、养老产品营销、安宁照护等工作，适应养老服务产业发展新趋势、养老新模式、老年人新需求的养老服务管理中高端应用型人才。

四、毕业生质量标准体系

毕业生质量标准作为学生在校学习期满后的评价“量尺”，是指导、规范和评价高职教育内涵建设的基础性、纲领性文件，所以毕业生质量标准体系的制订应该以人才培养方案为基准，以学生发展为中心，以学校纪律和社会法律为原则，不但让学校管理者能够在学生毕业时进行横向比较，而且也能让学生在校期间随时清楚地知道自己离毕业要求的差距和努力的方向。

智慧健康养老管理专业质量标准的评价基础是学生的刚性指标是否达标，在满足刚性指标达标的基础上，满足本专业质量等级要求。毕业生质量标准体系评价指标如表 5-1 所示。

表 5-1　毕业生质量标准体系评价指标

刚性指标	质量评级指标
处分	公共基础知识
费用	专业技术知识
图书	专业综合知识
成绩	公共基础能力
技能证书	专业技术能力
毕业考核	专业综合能力

五、刚性指标

刚性指标是学生毕业的最低要求，更是评定毕业生质量的硬性条件，首先必须不能有违反国家法律、法令、法规受到政法部门处罚的相关行为。其次，在毕业生质量评定中，学生在各级业务及管理部门的行为也需受到一定的限制，以下行为只要有一项不满足，就不能准予学生毕业。

（一）业务清零

1. 处分清零

在学生处没有未解除的处分。

2. 费用清零

财务处已办理所有费用手续。

3. 图书清零

图书馆图书已归还。

（二）成绩要求

1. 学分要求

修满人才培养方案中规定的总学分和模块学分。

2. 通识与专业课程成绩

合格：各科成绩（含补考）合格（60 分）。

优秀：平均成绩 75 分以上，单科成绩（不含补考）不低于 60 分，专业核心课平均 80 分以上。

3. 体育课成绩

合格：达到大学生体质健康合格标准，成绩 60 ~ 89 分。

优秀：达到大学生体质健康合格标准，成绩 90 分及以上。

4. 素质拓展

合格：获得校级大学生素质拓展证书，6 学分。

优秀：获得校级大学生素质拓展证书，7 学分及以上。

5. 创新创业

合格：获得健康与养老产业创新创业教育必修课 1.5 学分。

优秀：积极参与各类创新创业活动，获得健康与养老产业创新创业教育必修课 2 学分及以上。

6. 毕业考核

合格：毕业设计项目完成并达到了考核评价标准，毕业论文（设计）报告审核合格，答辩通过；毕业整体考核合格。

优秀：毕业设计项目完成并达到了考核评价标准，毕业论文（设计）报告审核合格，答辩通过；毕业整体考核合格以上。

（三）技能证书

1. 英语等级

合格：具备考取全国大学生英语等级考试四级证书的相关知识与能力。

优秀：通过全国大学生英语等级考试四级。

2. 计算机等级

合格：通过全国计算机等级考试二级。

优秀：通过全国计算机等级考试三级。

3.1+X 证书

合格：通过老年照护职业技能等级证书中级证书。

优秀：通过老年照护职业技能等级证书高级证书。

（四）其他要求

达不到合格毕业生标准的学生可以申请留级或颁发肄业证书，肄业生经补考合格后，换发毕业证。

六、质量评级

在满足刚性指标的基础上，智慧健康养老管理专业毕业生也需要从思想品德、身体素质、人才培养规格等多个方面进行分类评价。

（一）基本素质要求

毕业生应满足必需的思想道德素质及文化身心素质要求。

1. 思想道德素质

（1）政治思想。

① 马克思主义理论基础修养。具备马克思主义、毛泽东思想、邓小平理论、“三个代表”重要思想、科学发展观和习近平新时代中国特色社会主义思想基本理论知识。坚持四项基本原则和党的基本路线不动摇，坚定建设中国特色社会主义的理想信念。树立科学的世界观、人生观和价值观。具有爱国主义、集体主义精神。

② 政治表现。爱国守法，诚信知礼，团结友善，勤俭自强。拥护党的路线、方针、政策。具有创新精神，能积极参加社会实践。

③ 思想作风。实事求是，解放思想，作风正派，品行端正，诚实可靠。了解中国共产党执政新理念、新思想、新战略，了解国内外大事、要事，进一步增强执行党的路线、方针、政策的自觉性，增强对社会发展趋势预测的能力，适应社会，持续发展，实现自我。

（2）道德规范。

① 敬业精神与工作态度。有较强的事业心和奉献精神，具有“尊老敬老、以人为本、爱岗敬业、爱心奉献”的职业道德，热爱社会主义老年福利事业，具有为智慧健康养老服务与管理事业努力奋斗的奉献精神和敬业精神。工作认真负责，谦虚好学，树立终身学习观念，具有实事求是的科学态度，具有批判性思维，有运用科学思维对事物进行研究的态度。

② 职业道德与责任。遵守职业道德规范，忠于职守；具备保证职业技能充分运用的品质和意识；尊重老人，文明礼貌；具有健康保健意识、预防意识。

③ 遵纪守法与执行制度。遵守国家法令和社会公德。具有高度的法治精神、社会责任感和积极的人生态度。遵守职业道德，依法从事专业工作。

2. 文化身心素质

（1）文化素质。

① 文化修养。具有较好的中华民族优良文化底蕴和现代文化修养，爱好广泛、情趣高雅。有良好的语言文字、文学艺术、文化礼仪、伦理道德修养；具有敬业、专注、精益、创新、奉献等职业素养，具有丰富的技术知识，能够正确认识和分析当今时代主流文化、亚文化等面临的冲突与挑战，了解服务对象关于自身及其所在文化环境的情况，并试着从服务对象的角度对文化的进行理解与解释，反思自身对服务对象及其文化的偏见。

② 审美观念。有正确的审美观，言谈举止及衣着修饰等符合自己的性别、年龄、职业、身份。展现职业形象美，正确认识和分析当今时代社会老龄化问题。

③ 人文关怀素养。有人道主义精神，能够对老年人生命与健康、权利与需求、人格与尊严进行照顾，为老年人提供精神的、文化的、情感的服务。

④ 终身学习。具有自主学习和终身学习的意识，有不断学习和适应发展的能力，能及时了解专业最新理论、技术及国际前沿动态；能认识不断探索和学习的必要性，具备终身学习的知识基础，掌握自主学习的方法，了解拓展知识和能力的途径；能针对个人自身特点或职业发展需求，采用合适的方法，自主学习，适应发展。

（2）身体素质。

① 体质状况。积极参加体育锻炼和学校组织的各类文化体育活动，有自觉锻炼身体的良好习惯，身体健康，达到大学生体质健康合格标准。

② 体育技能。掌握一定的运动技能，具有自觉锻炼、终身锻炼身体的意识。

③ 劳动技能。引导学生弘扬劳动精神，具备劳动素养，掌握基本的劳动技能，养成劳动习惯，在实践中增长智慧才干，在艰苦奋斗中锤炼意志品质。

（3）心理素质。

① 意志、自制力。具有较强的意志和毅力，心理健康；有较好的自制能力。

② 心理承受能力。能正确评价自我适应环境和承受困难和挫折。

③ 社会适应性。具有完整的生理、心理状态。有较强的社会适应性，能进行正常的社会交往，团结协作。有切合实际的生活目标和个人发展目标，能正确地看待现实，主动适应现实社会。

④ 人际关系。有正常的人际关系，善意接纳他人，包括与自己意见不同的人。有良好的团队合作精神，交际交往符合规范礼仪。

⑤ 勤奋进取。勤奋刻苦，进取心强，具有切实的理想和奋斗目标。

（二）知识与技能评级

1. 中级原则

质量评级中级能力表示学生具备扎实的公共基础知识、专业基础知识、基本技能，并对管理、培训及技能提升方面的知识与能力有一定的了解与掌握。学生达到质量评级中级能力，则视为合格。

（1）公共基础知识。

① 外语基础。具备实用英语听说能力、具备实用英语阅读翻译能力、具备实用英语写作和自主学习能力；可借助字典阅读英文专业资料及技术说明；能在学习、工作和社会交往中用英语有效地进行交际；通过全国英语应用能力等级考试 B 级。

② 计算机基础。能熟练使用一种操作系统（如 Windows）；能熟练使用一种办公软件（如 Office）进行信息处理，能熟练地在互联网上检索、浏览信息、下载文件、收发电子邮件；掌握数据库的基本操作，计算机应用能力达到计算机等级考试一级水平。

③ 中文知识、应用文技能。培养口语交际、阅读、表达和发布等语文应用能力，培养学生应用文写作能力。

④ 创新创业知识。使学生掌握开展创业活动所需要的基本知识，具备必要的创业能力，帮助学生树立科学的创业观。

⑤ 健康教育知识。掌握科学锻炼身体的基本技能，具有良好的身体素质和基本运动技能，并达到国家体能标准；具备良好形体、仪态协调能力，具有健康的生理素质和心理素质。

⑥ 政策与法规知识。掌握专业工作相关政策与法规等知识。

⑦ 基本礼仪知识。使学生掌握工作中的职业形象规范要求、基本礼仪知识及礼仪的要求。

⑧ 人际交往知识。掌握公共关系礼仪、人际沟通、演讲、团队合作等基本常识和技巧。

⑨ 体育知识。使学生掌握体育的基本理论知识，建立正确的体育观念，掌握科学锻炼身体的方法，培养学生终身体育锻炼的意识和良好习惯。培养学生集体主义的思想品德，树立正确的体育观及勇敢顽强、团结进取、开拓创新的精神风貌。

（2）专业技术基础知识。

① 养老照护知识。掌握老年人日常生活照护技能、老年人健康评估方法、老年人常见健康问题的照护技能、老年人的临终关怀。

② 老年膳食营养知识。掌握老年人的营养状况、老年人的营养配餐、特殊群体的营养配餐。

③ 老年康复保健知识。常见老年疾病临床康复操作程序等、中医康复保健技术（针灸、推拿等）、老年人文体康复（指导老年人正确开展体育运动，组织与策划老年人文娱活动，指导开展艺术鉴赏与创作等）。

④ 养老机构管理知识。养老机构岗位设置与日常管理程序、养老机构营销管理、护理管理、膳食管理、养老机构信息化管理、老年政策与法规的运用。

⑤ 老年社会工作知识。老年社会工作的理念、程序、老年人活动的策划和组织以及评估等。

（3）公共基础能力。

① 英语应用能力。具备实用英语听说能力、具备实用英语阅读翻译能力、具备实用英语写作和自主学习能力。

② 信息技术应用能力。具备熟练应用计算机操作系统的能力，要求能够熟练使用计算机进行学习和工作；具有利用计算机网络收集信息、处理信息的能力；具备大数据、物联网等技能应用能力。

③ 语文应用能力。具备较强的口语交际能力、阅读能力、书面语言表达能力、视像能力和发布能力，会常用应用文体的写作。

④ 创新创业能力。具备创造性思维、创造性想象、独立性思维和捕捉灵感的能力；

具备创新实践的能力，即在创新活动中完成创新任务的具体工作的能力；具备决策能力、经营管理能力、专业技术能力与组织、计划、协调、控制等能力。

（4）专业技术能力。

① 老年人护理能力。掌握老年人日常生活的照护措施及技术；老年人健康照护知识并对老年人健康问题进行分析及处理。

② 老年人康复护理能力。

常见老年疾病临床认知、康复操作程序等、中医康复保健技术（针灸、推拿等）、老年人文体康复（指导老年人正确开展体育运动，组织与策划老年人文娱活动，指导开展艺术鉴赏与创作等）。

③ 养老机构管理能力。养老机构岗位设置与日常管理程序、养老机构营销管理、护理管理、膳食管理、养老机构信息化管理、老年政策与法规的运用。

④ 老龄产业开发与产品营销的能力。具备老龄产业项目策划、老龄产业用品开发、老龄产业用品营销能力。

2. 高级原则

质量等级高级能力表示学生在达到中级能力等级的基础上还具备良好的综合管理、培训及技能提升等知识和能力。学生达到质量评级高级能力，则视为优秀。

（1）专业综合知识。

① 社会认知知识。掌握社会结构、社会问题分析、社会分层、人的成长、社会化等知识。

② 养老机构管理知识。养老机构岗位设置与日常管理程序、养老机构营销管理、护理管理、膳食管理、养老机构信息化管理、老年政策与法规的运用。

③ 老年护理知识。老年人生理心理特点，老年人日常护理知识，老年人呼吸系统、循环系统、消化系统、泌尿系统、血液及造血系统、内分泌代谢疾病、风湿性疾病、神经系统常见病、多发病的病因、发病机制、临床表现和护理。

（2）专业综合能力。

① 服务质量管理能力。能够依据行业标准对老年人进行评估，制订专业护理计划并组织实施，能够使用标准化工具和信息化工具对老年人照护服务质量全流程进行管理和监督。能够制订照护团队个人和组织职业发展规划，并根据业务需求情况、团队人员能力开展培训和业务指导。

② 理论研究能力。具备开展对老年人照护服务的研究，并撰写论文和研究报告的能力。

③ 组织管理能力。能对提供服务过程中所涉及人与物进行统一管理；能进行简单的财务收支管理；能在管理与服务过程中运用恰当的语言与文字。

④ 心理承受能力。能正确评价自我适应环境和承受困难和挫折。

⑤团队合作能力。具备公关协调、集体合作的能力。

七、质量评价与改进

（一）建立毕业生学习效果评价机制

建立学生反馈信息表、评估问卷调查表，召开学生座谈会，通过多元评价方式对学生课程学习效果进行考核评价，对存在的问题及时进行沟通解决。

（二）完善教育教学工作

提升学校教育教学质量水平，结合督导听课、教学检查（学生座谈会、任课教师座谈会、试卷抽查等）、网上评教、课程考核总结等途径的课堂教学质量考核结果，及时调整专业设置和课程体系，有针对性地改进教育教学工作，形成教学质量评价反馈的闭环循环机制。

（三）重视调研及反馈

重视就业质量调研过程，重视毕业生就业状况，跟踪调查用人单位需求、满意度、用人单位对毕业生综合素质（包括思想道德品质、职业道德素质、专业素质及技能等）的评价等。

八、标准运用及说明

本标准在经重庆城市管理职业学院智慧康养学院智慧健康养老管理专业教学指导委员会审议通过后，由重庆城市管理职业学院智慧康养学院颁布实施。重庆城市管理职业学院教务处对标准的实施过程进行监督。

智慧健康养老管理
专业核心课程标准

高等职业教育本科
“老年人康复与训练”课程标准

一、课程基本信息

课程编码		课程类型（理论或实践或理实一体）	理实一体	适用专业	智慧健康养老管理
学分	4	总学时	64	实践学时	32
先修课程	老年常见慢性病管理、老年照护基础				
后续课程	失能照护技能、残疾照护技能				
执笔人	王娟		批准人		

二、课程定位

“老年人康复与训练”这门课程是智慧健康养老管理专业的核心课，时间安排在老年服务与管理专业4年制学习期间的第6学期，4课时/周，内容包括：老年康复护理总论、老年康复护理评估、老年康复护理基本治疗技术等。“老年人康复与训练”既是重庆城市管理职业学院智慧健康养老管理专业的一门专业核心课，也是一门应用广泛的学科，它的重要性日益凸显。课程的开设，是智慧健康养老管理专业学科的重要基础，是培养医学生的临床实践能力和基本技能的关键学科，同时，该门课程还有助于帮助学生考取康复护理员、康复治疗师职业资格证书。

三、课程目标

（一）社会主义核心价值观目标

（1）树立富强、民主、文明、和谐的价值目标；
（2）树立自由、平等、公正、法治的价值取向；
（3）树立爱国、敬业、诚信、友善的价值准则。

（二）情感态度目标

（1）适应社会主义市场经济需要，德、智、体、美等方面全面发展，满足城市建设、管理和服务第一线需要；

（2）具有“爱心、责任、服务、奉献”的专业品质，并具有较强的综合职业能力、职业道德和创新精神；

（3）具有较强的学习能力、交流能力、实践能力、创业能力、社会适应能力，以及良好的职业道德和创新精神，能够面向老龄化社会发展和老年公共事业管理、服务一线的高素质技术技能人才。

（三）职业素养目标

（1）具备爱岗敬业、诚实守信、遵纪守法等职业道德；

（2）具备团队协作精神、创新精神；

（3）具备职场安全与健康意识；

（4）具备职场礼仪与规范意识；

（5）具备工匠精神。

（四）知识目标

（1）掌握老年常见疾病的康复护理措施；

（2）理解老年康复护理的理论基础等相关知识；

（3）了解老年康复医学的概况及基本内容。

（五）技能目标

（1）能识读康复护理常用的康复评定标准；

（2）能够正确使用常规康复测绘仪器；

（3）能够正确使用常用的康复器械工具；

（4）能够掌握康复护理的基本方法。

四、课程主要内容

（一）能力单元与学时分配

序号	能力单元名称	讲授（学时）	实操（学时）	专家讲座（学时）	参观（学时）	讨论（学时）	其他（学时）
1	老年康复护理总论	2					
2	老年康复护理评估	12		2		2	

续表

序号	能力单元名称	讲授（学时）	实操（学时）	专家讲座（学时）	参观（学时）	讨论（学时）	其他（学时）
3	老年康复护理基本治疗技术	6	4				
4	神经系统疾病康复护理	10	4	2		2	
5	骨关节肌肉疾病康复护理	6			4		
6	慢性内科疾病康复护理	6				2	
合计	六单元（64 课时）	42	8	4	4	6	

（二）教学任务描述

能力单元一：老年康复护理总论	
教学目的	了解老年康复的相关内容
教学重点与难点	重点：残疾的评定、残疾的预防 难点：残疾的预防
教学时数	2
教学方法与手段	图片、视频、讲授、微课、动画
考核方式	1. 以小组为单位，课前查阅资料、讨论、制作 PPT、编排情景剧 2. 以小组为单位运用 PPT 进行讲解；现场情景剧展示 3. 点评、答辩、鉴定
任务 1–1：康复护理概论	
相关知识点	康复与康复医学、老年康复护理
相关实操技能	无
相关实训	学生分组讨论康复与康复医学职业道德、礼仪、政策
教师注意事项	引导式教学、学生讨论为主
学习资源	视频资料、行业相关的资料：康复与康复医学、老年康复护理
任务 1–2：老年社区康复、老年残疾问题	
相关知识点	老年社区居家康复护理、残疾的评定、残疾的预防
相关实操技能	无
相关实训	学生分组讨论老年残疾的评定、残疾的预防
教师注意事项	引导式教学、学生讨论为主
学习资源	视频资料、行业相关的资料：老年社区康复护理、老年残疾问题

能力单元二：老年康复护理评估	
教学目的	掌握运动功能评定、日常生活活动能力和生存质量的评定
教学重点与难点	重点：运动功能评定；日常生活活动能力和生存质量的评定；难点：运动功能评定
教学时数	16
教学方法与手段	图片、视频、讲授、微课、动画

续表

考核方式	笔试：制订老年期常用生活活动能力和生存质量评定计划 PPT 展示：设计老年人运动功能评定表
任务 2–1：运动功能评定	
相关知识点	肌力评定、肌张力评定、关节活动度的评定
相关实操技能	掌握肌力评定、肌张力评定、关节活动度的评定方法
相关实训	设计老年人运动功能评定表
教师注意事项	引导式教学，学生操作、教师指导
学习资源	视频资料、图片、在线学习：肌力评定、肌张力评定、关节活动度的评定
任务 2–2：日常生活活动能力和生存质量的评定	
相关知识点	Barthel 指数评定、独立生活能力评定、生存质量评定（社会功能评定）
相关实操技能	掌握 Barthel 指数评定、独立生活能力评定、生存质量评定（社会功能评定）方法
相关实训	根据实例，评定该老人独立生活能力
教师注意事项	引导式教学，学生操作、教师指导
学习资源	视频资料、图片、在线学习：Barthel 指数评定、独立生活能力评定、生存质量评定

能力单元三：老年康复护理基本治疗技术	
教学目的	掌握物理治疗、作业治疗基本方法
教学重点与难点	重点：物理治疗、作业治疗基本方法 难点：物理治疗、作业治疗注意事项
教学时数	10
教学方法与手段	图片、视频、讲授、微课、动画
考核方式	笔试：根据自拟案例制订一份作业治疗计划 情景剧视频展示：为老年人进行作业治疗
任务 3–1：物理治疗	
相关知识点	运动疗法、其他物理因子治疗
相关实操技能	掌握运动疗法、其他物理因子治疗的操作方法
相关实训	根据左侧下肢瘫痪实例，制订运动疗法计划
教师注意事项	引导式教学，学生操作、教师指导
学习资源	视频资料、图片、在线学习：运动疗法、其他物理因子治疗
任务 3–2：作业治疗	
相关知识点	作业治疗的种类、作业治疗的作用及在老年疾病中的应用
相关实操技能	掌握作业治疗计划的制订及操作方法
相关实训	对抑郁症患者，制订作业治疗计划
教师注意事项	引导式教学，学生操作、教师指导
学习资源	视频资料、图片、在线学习：作业治疗的种类、作业治疗的作用及在老年疾病中的应用

能力单元四：神经系统疾病康复护理	
教学目的	掌握老年常见神经系统疾病的康复护理技能
教学重点与难点	重点：康复护理评估、康复护理措施、康复教育 难点：康复护理评估、康复护理措施
教学时数	18
教学方法与手段	图片、视频、讲授、微课、动画
考核方式	现场情景剧展示：用康复护理程序的方法（评估—计划—实施、评价、康复教育）为老年脑卒中患者进行康复护理
任务 4–1：老年脑卒中的康复护理	
相关知识点	基础知识、康复护理评估（及主要功能障碍）、康复护理措施、康复教育、病例分析
相关实操技能	掌握老年脑卒中康复护理评估方法及措施
相关实训	根据实例，为老年脑卒中患者进行康复护理评估并采取相关康复护理措施
教师注意事项	引导式教学，学生操作、教师指导
学习资源	视频资料、图片、在线学习：老年脑卒中的康复护理
任务 4–2：老年失智症患者的康复护理	
相关知识点	基础知识、康复护理评估（及主要功能障碍）、康复护理措施、康复教育、病例分析
相关实操技能	掌握老年失智症患者康复护理评估方法及措施
相关实训	根据实例，为老年失智症患者进行康复护理评估并采取相关康复护理措施
教师注意事项	引导式教学，学生操作、教师指导
学习资源	视频资料、图片、在线学习：老年失智症患者的康复护理

能力单元五：骨关节肌肉疾病康复护理	
教学目的	掌握常见的骨关节肌肉疾病康复护理技能
教学重点与难点	重点：康复护理评估、康复护理措施、康复教育 难点：康复护理评估、康复护理措施
教学时数	10
教学方法与手段	图片、视频、讲授、微课、动画
考核方式	现场情景剧展示：用康复护理程序的方法（评估—计划—实施、评价、康复教育）为老年颈椎病患者进行康复护理
任务 5–1：颈肩腰痛的康复护理	
相关知识点	基础知识、康复护理评估（及主要功能障碍）、康复护理措施、康复教育、病例分析
相关实操技能	掌握颈肩腰痛的康复护理评估方法及措施
相关实训	根据实例，为老年颈椎病患者制订康复护理计划
教师注意事项	引导式教学，学生操作、教师指导
学习资源	视频资料、图片、在线学习：颈肩腰痛的康复护理
任务 5–2：退行性膝关节炎的康复护理	
相关知识点	基础知识、康复护理评估（及主要功能障碍）、康复护理措施、康复教育、病例分析

续表

相关实操技能	掌握退行性膝关节炎的康复护理评估方法及措施评估
相关实训	根据实例，为退行性膝关节炎患者进行康复护理评估
教师注意事项	引导式教学，学生操作、教师指导
学习资源	视频资料、图片、在线学习：退行性膝关节炎

能力单元六：慢性内科疾病康复护理	
教学目的	掌握常见的慢性内科疾病康复护理技能
教学重点与难点	重点：康复护理评估、康复护理措施、康复教育 难点：康复护理评估、康复护理措施
教学时数	8
教学方法与手段	图片、视频、讲授、微课、动画
考核方式	现场情景剧展示：用康复护理程序的方法（评估—计划—实施、评价、康复教育）为老年高血压病患者进行康复护理
任务 6-1：高血压病的康复护理	
相关知识点	基础知识、康复护理评估（及主要功能障碍）、康复护理措施、康复教育、病例分析
相关实操技能	掌握高血压病的康复护理评估方法及措施
相关实训	根据实例，为高血压病患者制订康复护理计划
教师注意事项	引导式教学，学生操作、教师指导
学习资源	视频资料、图片、行业相关的资料：高血压病
任务 6-2：COPD 的康复护理	
相关知识点	基础知识、康复护理评估（及主要功能障碍）、康复护理措施、康复教育、病例分析
相关实操技能	掌握 COPD 的康复护理评估方法及措施
相关实训	根据实例，为 COPD 患者进行康复评估、制订康复护理计划
教师注意事项	引导式教学、学生操作、教师指导
学习资源	视频资料、图片、行业相关的资料：COPD
任务 6-3：冠心病的康复护理	
相关知识点	基础知识、康复护理评估（及主要功能障碍）、康复护理措施、康复教育、病例分析
相关实操技能	掌握冠心病的康复护理评估方法及措施
相关实训	根据实例，为冠心病患者进行康复评估、制订康复护理计划
教师注意事项	引导式教学，学生操作、教师指导
学习资源	视频资料、图片、行业相关的资料：冠心病

五、“课程思政”育人元素融入课程教学的途径和方法

序号	知识点	育人元素	融入途径、方式	预期效果	备注
1	老年常见内科疾病、康复护理评估	评估疾病的过程是认识疾病客观规律的过程	对疾病的评估是从现象到本质，从感性到理性，又从理性认识再回到医疗实践中去的反复验证的过程	从实践中积累知识、从评估中得到教益，从而提高评估水平	
2	老年常见内科疾病、康复教育	康复教育要遵循整体原则、具体原则、动态原则和安全原则	对患者的康复教育是去粗取精、去伪存真、由表及里的过程	从实践中积累知识、从失误中得到教益，从而达到提高疗效、预防疾病的目的	

六、课程评价方法

采用百分制，其中平时成绩占10%，读书报告会占15%，技能考核占45%，模拟面试占30%，总分100分。

七、教学资源配置

（一）教材、参考书目

黄晓琳.康复医学（第6版）[M].北京，人民卫生出版社，2018.09.
李惠菊.老年常见病的预防与照护（第1版）[M].北京大学出版社，2022.03.
王玉龙.康复功能评定学（第3版）[M].北京，人民卫生出版社，2018.03.
陈瑜.老年人心理健康（第1版）[M].北京：中国医药科技出版社，2018.01.

（二）信息化教学资源

“智慧职教”在线开放教学平台等。

（三）主要设备与设施

校内、校外实训室、各种实训设施。

（四）主讲教师

主讲人：重庆市康复护理协会相关负责人。
讲座主题：康复护理行业的发展趋势。
时间：大致安排在第5～8周，具体时间另定。地点：学院学术报告厅或大多媒体教室。
主讲人：重庆市临床康复护理医疗机构专家。

讲座主题：康复护理行业需要什么样的康复人才；时间：大致安排在第 12 ~ 15 周，具体时间另定。地点：学院学术报告厅或大多媒体教室。

八、其他说明

产教融合，行业企业参与课程开发情况：

人员：刘荣、漆春燕。

单位：重庆合展至善老年护养中心。

所做的工作：参与康复护理实训计划的制订、教学组织的特点（建议）。

排课的方式：集中。

预计到重庆医科大学大学城医院现场参观教学、重庆海吉亚肿瘤医院见习。

高等职业教育本科
“老年营养与膳食保健”课程标准

一、课程基本信息

课程编码		课程类型（理论或实践或理实一体）	理实一体	适用专业	智慧健康养老管理
学分	4	总学时	64	实践学时	32
先修课程	老年照护技能				
后续课程	顶岗实习				
执笔人	杜庆		批准人		

二、课程定位

“老年营养与膳食保健”是智慧健康养老管理专业的专业核心课程之一，是一门将营养学应用到老年营养理论研究与实践的科学。以涉及老年人的营养与饮食保健为主，研究与老年人这一特殊人群的营养有关的健康问题。通过本课程的学习，能够了解老年机体所需要的各种营养素及其营养素的化学组成特点和生理功能、营养评价、食物来源和供给量；了解老年人常见食物的营养价值和食疗作用；了解老年人的生理特点和合理营养的要求；了解老年人常见疾病的发病病因和临床症状；了解老年保健食品的分类和功效。掌握老年膳食的评价方法；老年食谱的编制；老年常见疾病的饮食疗法等技能，并能运用所学的营养学知识帮助老年人建立良好的饮食习惯。本课程是公共营养师、健康管理师职业资格证书的支撑课程之一。

三、课程学习目标

本课程通过课堂讲授、专题讨论、上机实习、自学等方式进行教学。通过本课程的学习，学习者应该达到以下标准。

（一）社会主义核心价值观目标

（1）树立富强、民主、文明、和谐的价值目标；
（2）树立自由、平等、公正、法治的价值取向；
（3）树立爱国、敬业、诚信、友善的价值准则。

（二）情感态度目标

（1）具备社会责任情感、敬老爱老情感；
（2）具备求实的科学态度、积极的生活态度等。

（三）职业素养目标

（1）对从事老年营养评价、老年营养指导、老年营养教育工作充满热情，并且具有高度的责任感；
（2）具备严谨的学习和做人的态度，具备自主学习、独立思考、发现问题、分析问题和解决问题的能力；
（3）具备团队合作精神，敢于提出与别人不同的见解，也敢于放弃自己错误的观点；
（4）具备文字、口头表达与交流技巧。

（四）知识目标

（1）掌握老年人所需要的几种营养素的特点及其需求量；
（2）掌握老年人所常见的食物的分类及每类食物的营养特点；
（3）掌握老年人合理膳食的基本理论；
（4）掌握老年人常见疾病的饮食调养；
（5）掌握老年人饮食营养保健和饮食卫生保健。

（五）技能目标

（1）能够对老年人的膳食情况进行调查、分析与评价，并且根据老年人的生理特点和饮食中出现的问题进行老年人科学合理的食谱的编制；
（2）能够对老年常见疾病的患者进行饮食调养；
（3）能够运用所学的营养学知识，帮助老年人建立良好的饮食习惯和卫生习惯，并且能够广泛推广老年营养知识。

四、课程主要内容

（一）能力单元与学时分配

序号	能力单元名称	讲授（学时）	实操（学时）	专家讲座（学时）	参观实践（学时）	讨论（学时）	其他（学时）
1	老年人所需营养素的认知及能量需求	8					
2	老年人常见食物的营养价值认知	6					
3	老年人的合理营养与平衡膳食	4	2				
4	调查与评价老年人膳食营养状况	4	4		4		
5	老年人营养配餐与食谱编制	4	2				
6	老年常见病患者的饮食调养	8			4		
7	老年人的膳食指导	8			4	2	
合计	64	42	8		12	2	

（二）教学任务描述

能力单元一：老年人所需营养素的认知及能量需求	
教学目的	通过学习，让学生了解老年肌体所需的营养素的化学组成特点和营养分类，掌握各种营养素的生理功能、营养评价、食物来源以及老年人的适宜供给量。了解每种营养素在消化道的消化过程，掌握三种产能营养素的消化和吸收。了解热能的单位，熟悉热能的单位换算，掌握食物中的热能的计算方法以及蛋白质、脂肪、碳水化合物三种产能营养素的计算
教学重点与难点	蛋白质、脂类、碳水化合物、食物中的热量计算、生热营养素的计算
教学时数	8
建议教学方法与手段	图片、视频、讲授、讨论
考核方式	习题作业
任务 1–1：讨论老年肌体所需要的几大营养素	
相关知识点	蛋白质、脂类、碳水化合物、无机盐、维生素、水六种营养素的生理功能、消化与吸收、营养评价、食物来源、老年人的适宜摄入量
相关实操技能	讨论每种营养素对老年人的健康体现在哪些地方
相关实训	无
教师注意事项	采用课堂讲授法为主，辅以提问和讨论方式让学生掌握相关的知识点
学习资源	主讲教材、辅助教材、网络

续表

任务 1-2：食物的热量计算	
相关知识点	热能单位、能量系数、食物中的热量计算、人体热能的消耗、生热营养素的计算
相关实操技能	通过实际的操作，掌握食物中热能的计算方法和三种产能营养素的计算方法
相关实训	无
教师注意事项	辅以案例的形式让学生更加牢固地掌握热能的计算方法
学习资源	主讲教材、辅助教材、网络

能力单元二：老年人常见食物的营养价值认知	
教学目的	通过学习，让学生了解食物的组织结构特点，掌握各类食物的营养素含量和营养特点，掌握常见食物的营养价值和食疗作用。了解与掌握乳类、蛋类正确的食用方法和茶、酒正确的饮用方法。指导老年人能根据机体的营养需要，合理地选择和搭配各种食物
教学重点与难点	无
教学时数	6
建议教学方法与手段	图片、视频、讲授
考核方式	习题作业
任务 2-1：老年人常见植物性食物的营养价值	
相关知识点	粮谷、豆类、薯类的营养价值，蔬菜、水果和坚果的营养价值
相关实操技能	指导老年人能根据机体的营养需要，合理地选择和搭配各种食物
相关实训	无
教师注意事项	辅以案例的形式让学生更加形象地掌握老年人常见植物性食物的营养价值和食疗作用，强化实操技能
学习资源	主讲教材、辅助教材、网络
任务 2-2：老年人常见动物性食物的营养价值	
相关知识点	肉类与水产品的营养价值、乳、蛋类的营养价值
相关实操技能	指导老年人能根据机体的营养需要，合理地选择动物性食物并进行科学搭配
相关实训	无
教师注意事项	辅以案例的形式让学生更加形象地掌握老年人常见动物性食物的营养价值和食疗作用，强化实操技能
学习资源	主讲教材、辅助教材、网络

能力单元三：老年人的合理营养与平衡膳食	
教学目的描述	通过学习，让同学们了解老年人的生理代谢特点和营养需要，掌握老年人各种营养素的适宜摄入量。了解合理营养与平衡膳食的原则和要求，学会平衡膳食宝塔的使用
教学重点与难点	我国居民膳食营养素参考摄入量、膳食结构、膳食指南、膳食宝塔
教学时数	6
建议教学方法与手段	讲授、案例教学、课堂指导实操
考核方式	习题作业

续表

任务 3–1：我国居民膳食营养素参考摄入量认识	
相关知识点	居民膳食营养素参考摄入量
相关实操技能	无
相关实训	无
教师注意事项	正确演示、分析引导、辅以案例的形式让学生更加牢固地掌握我国居民膳食营养素参考摄入量的内容
学习资源	主讲教材、辅助教材、网络
任务 3–2：老年人生理代谢特点与营养需要	
相关知识点	老年人生理特点、营养需求特点
相关实操技能	观察老年人
相关实训	无
教师注意事项	正确演示、分析引导、辅以案例的形式让学生更加牢固地掌握老年人生理代谢特点与营养需要特点
学习资源	主讲教材、辅助教材、网络
任务 3–3：膳食结构、膳食指南及膳食宝塔认知	
相关知识点	膳食结构、膳食指南、膳食宝塔
相关实操技能	膳食宝塔的搭建
相关实训	无
教师注意事项	正确演示、分析引导、辅以案例的形式让学生更加牢固地掌握膳食结构、膳食指南及膳食宝塔的内容
学习资源	主讲教材、辅助教材、网络

能力单元四：调查与评价老年人膳食营养状况	
教学目的描述	通过学习，让同学们掌握膳食调查的方法、膳食调查评价过程、营养状况体格测量的主要指标和方法
教学重点与难点	膳食调查、膳食摄入量计算与分析、体格测量
教学时数	12
建议教学方法与手段	讲授、讨论、视频、演示
考核方式	项目考核
任务 4–1：调查与评价老年人膳食	
相关知识点	膳食调查、膳食分析与评价
相关实操技能	老年人膳食调查、分析与评价
相关实训	无
教师注意事项	正确演示、分析引导、辅以案例的形式让学生更加牢固地掌握食谱的调查与分析方法
学习资源	主讲教材、辅助教材、网络

续表

任务 4–2：评价老年人营养状况	
相关知识点	体格测量
相关实操技能	各指标的测量方法练习
相关实训	无
教师注意事项	正确演示、分析引导、辅以案例的形式让学生更加牢固地掌握老年人体格各指标的测量方法与评价老年人营养状况
学习资源	主讲教材、辅助教材、网络

能力单元五：老年人营养配餐与食谱编制	
教学目的描述	通过学习，让同学们掌握合理营养与平衡膳食的概念，掌握老年人营养餐编制的理论依据和原则，食谱编制的方法
教学重点与难点	合理营养、均衡膳食、食谱编制
教学时数	6
建议教学方法与手段	讲授、讨论、视频
考核方式	项目考核
学习资源	主讲教材、辅助教材、网络
任务 5–1：老年人营养配餐	
相关知识点	合理营养、均衡膳食、营养配餐的原则
相关实操技能	无
相关实训	无
教师注意事项	正确演示、分析引导、辅以案例让学生掌握合理营养与平衡膳食的概念，掌握老年人营养餐编制的理论依据和原则
学习资源	主讲教材、辅助教材、网络
任务 5–2：老年人食谱编制方法	
相关知识点	营养素计算法、食物交换法
相关实操技能	营养素计算法编制食谱、食物交换法编制食谱
相关实训	无
教师注意事项	正确演示、分析引导、辅以案例让学生掌握营养素计算法编制食谱、食物交换法编制食谱的方法，能编制出食谱
学习资源	主讲教材、辅助教材、网络

能力单元六：老年常见病患者的饮食调养	
教学目的描述	通过学习，让同学们了解老年病的发病原因和临床症状，掌握常见病患者的饮食调养和食疗方法
教学重点与难点	血液与心脑血管系统疾病患者的饮食调养、内分泌和代谢性疾病患者的饮食调养、膳食营养与肿瘤预防

续表

能力单元六：老年常见病患者的饮食调养	
教学时数	12
建议教学方法与手段	讲授、讨论、视频
考核方式	项目考核
任务 6–1：心脑血管疾病患者的饮食调养	
相关知识点	冠心病、高血压、高血脂
相关实操技能	高血压的测量、高血压患者的食谱编制
相关实训	无
教师注意事项	正确演示、分析引导、辅以案例让学生掌握老年人心脑血管疾病的饮食调养和食疗方法
学习资源	主讲教材、辅助教材、网络
任务 6–2：内分泌和代谢性疾病患者的饮食调养	
相关知识点	糖尿病、肥胖、骨质疏松
相关实操技能	糖尿病的食谱编制
相关实训	无
教师注意事项	正确演示、分析引导、辅以案例让学生掌握老年人内分泌和代谢性疾病的饮食调养和食疗方法
学习资源	主讲教材、辅助教材、网络
任务 6–3：呼吸系统疾病患者的饮食调养	
相关知识点	慢性支气管炎、肺气肿
相关实操技能	慢性支气管炎、肺气肿的饮食指导
相关实训	无
教师注意事项	正确演示、分析引导、辅以案例让学生掌握老年人呼吸系统疾病的饮食调养和食疗方法
学习资源	主讲教材、辅助教材、网络
任务 6–4：肿瘤的预防与饮食调养	
相关知识点	肿瘤
相关实操技能	肿瘤的预防与饮食指导
相关实训	无
教师注意事项	正确演示、分析引导、辅以案例让学生掌握肿瘤患者的饮食调养和食疗方法
学习资源	主讲教材、辅助教材、网络

能力单元七：老年人的膳食指导	
教学目的描述	通过学习，让同学们了解老年人的饮食习惯，了解饮食营养与饮食卫生保健。掌握食物的性味作用。了解老年人不同体质的饮食调养原则，掌握药膳的使用原则和烹制要求。了解体内的毒素及来源，掌握饮食防毒与排毒方法
教学重点与难点	食品安全、保健食品
教学时数	14

续表

建议教学方法与手段	讲授、讨论、视频、实操
考核方式	项目考核
任务 7–1：老年人膳食卫生指导	
相关知识点	食品的生物性污染、食品的化学性污染、食品的物理性污染
相关实操技能	无
相关实训	无
教师注意事项	正确演示、分析引导、辅以案例让学生掌握老年人膳食卫生指导的正确方法
学习资源	主讲教材、辅助教材、网络、视频
任务 7–2：老年人的膳食营养指导	
相关知识点	良好的饮食习惯、饮食禁忌、食物搭配禁忌
相关实操技能	指导老年人建立良好的饮食习惯
相关实训	无
教师注意事项	正确演示、分析引导、辅以案例让学生掌握老年人膳食营养指导的正确方法
学习资源	主讲教材、辅助教材、网络、视频
任务 7–3：老年人四季膳食指导	
相关知识点	春、夏、秋、冬各季的膳食原则
相关实操技能	无
相关实训	无
教师注意事项	正确演示、分析引导、辅以案例让学生掌握老年人四季膳食指导的正确方法
学习资源	主讲教材、辅助教材、网络、视频
任务 7–4：老年人保健品选购	
相关知识点	保健食品概述、保健食品的功效成分、保健食品的原料
相关实操技能	保健食品的选购
相关实训	无
教师注意事项	正确演示、分析引导、辅以案例让学生掌握老年人保健品的辨别方法和选购方法
学习资源	主讲教材、辅助教材、网络、视频

五、“课程思政”育人元素融入课程教学的途径和方法

序号	知识点	育人元素	融入途径、方式	预期效果	备注
1	老年人营养学知识认知	心系责任、尊老爱老、服务奉献	走进社区，了解老年人对营养知识的认知情况。带领学生参与社区营养知识科普活动	学生内心感受的表达，激发学生帮助老年人普及营养知识的服务意识	

续表

序号	知识点	育人元素	融入途径、方式	预期效果	备注
2	老年人的合理营养与平衡膳食	团结合作、服务奉献	在老年群体中普及膳食指南、膳食宝塔内容；纠正老年人群体中的不良饮食习惯；帮助老年人群建立良好的饮食习惯	采用行为学观察法。在和老年人的接触中观察学生的耐心、爱心、恒心和责任心的体现	
3	调查与评价老年人膳食营养状况	团结合作、勇于批判	将走进家庭、走进社区、走进养老机构为老年人的膳食营养调查融入实践教学课堂，让学生们对其所学知识“学有所用”	在这个项目中训练学生的团结合作精神，并在团队合作中勇于去批判别人的观点和坚持正确的自我判断。避免无主见、盲目随从	
4	老年人营养配餐与食谱编制	团结合作、科学严谨、服务奉献	社会实践活动	在这个项目中训练学生的科学严谨、团结合作精神。在制作营养食谱过程中，训练学生的服务意识和服务精神，为老年人制作膳食要从老年人的特征和需求出发	
5	老年常见疾病患者的饮食调养	科学严谨、团结合作、服务奉献	组织学生到养老机构协助医护人员进行膳食指导和营养治疗	学生内心感受的表达：通过和患有慢性疾病的老年人接触，让学生直面疾病对于老年人的身体和心理带来的困扰。激发学生帮助老年人常见疾病的患者进行饮食调养和营养治疗的热情和责任	
6	老年人的膳食指导和保健品选购指导	法治、敬业、诚信	社会实践	将参观保健品专卖店的实践教学渗透进理论教学中，完善了原有教学内容，丰富了教学的情感体验，使学生在指导老年人选购保健品的过程中体会如何避免“利字当头”，体现“大仁大爱”之心。敢于批判不规范的行为。发挥专业课教师的育人功能，更好实现以学生为中心的培养目标，落实“立德树人”要求	

六、课程评价方法

根据课程的性质进行了能力鉴定方法的改革，由传统的闭卷考试改为由过程考核和期末实操相结合的考核方式。采用百分制的形式，如课程成绩 = 课堂出勤 10%+ 书面作业 10%+ 课堂表现 10%+ 项目测试 70%。

七、教学资源配置

（一）主教材

杜庆 . 老年膳食与营养配餐［M］. 北京：机械工业出版社，2017.3.

（二）参考教材

张云兰 . 中老年膳食营养［M］. 北京：科学技术出版社，1998.3.

蔡美琴 . 医学营养学［M］. 上海：上海科学技术文献出版社；2001.1.

蔡东联 . 实用营养师手册［M］. 上海：第二军医大学出版社，1998.8.
路新国 . 中国饮食保健学［M］. 北京：中国轻工业出版社，2002.3.
臧少敏 . 老年营养与膳食保健［M］. 北京：北京大学医学出版社，2013.9.
劳动与社会保障部，中国就业培训技术指导中心和教育培训中心 . 营养配餐员［M］. 北京：中国劳动社会保障出版社，2003.6.

（三）信息化教学资源

校内合格课程资源库、职教资源库。

（四）主要设备与设施

校内实训室：营养配餐实训室。
校外初衷基地：校外公办或民办养老机构。

（五）主讲教师

主讲教师是智慧健康养老与管理专业的专职教师杜庆，副教授，有 14 年营养学相关的教学经验。

八、其他说明

（一）行业企业参与课程开发情况

该课程标准能力单元的设置是在和重庆市养老机构专家以及重庆城市管理职业学院智慧健康养老管理专业教研室任课教师充分讨论，同时参考养老护理员能力标准的基础上确定的。

（二）教学组织的特点

排课方式没有特殊的要求，但是教学内容上有的是安排的校外调查、养老机构参观实践。

高等职业教育本科
“老年照护技能”课程标准

一、课程基本信息

课程编码		课程类型（理论或实践或理实一体）	理实一体	适用专业	智慧健康养老管理
学分	4	总学时	64	实践学时	32
先修课程	老年照护基础、老年沟通与服务礼仪、老年心理慰藉实务				
后续课程	老年康复与训练、失能照护技术、失智照护技能				
执笔人	李莉		批准人		

二、课程定位

“老年照护技能”课程适用于智慧健康养老管理专业，是一门专业核心课程。该课程对接老年照护（中级）职业技能标准，培养学生智慧健康养老照护核心技能和职业素养。该课程涵盖照护评估与计划、用药照护、躯体功能障碍照护、认知功能障碍照护、应急照护、安宁照护等养老照护人员岗位需求内容。通过学习，使学生具备专业的智慧健康养老照护知识和技能，具备良好的沟通表达能力和突发情况应急处理能力，养成积极主动的服务意识、热情周到的服务态度、全心全意为老服务的精神等职业素养。

三、课程目标

（一）社会主义核心价值观目标

（1）树立富强、民主、文明、和谐的价值目标；
（2）树立自由、平等、公正、法治的价值取向；
（3）树立爱国、敬业、诚信、友善的价值准则。

（二）情感态度目标

（1）具备民族团结、社会责任情感；
（2）具备社会主义公民道德、社会公德和家庭美德意识；
（3）具备求真务实的学习工作态度、积极乐观的生活态度。

（三）职业素养目标

（1）树立正确积极的职业观，具备爱岗敬业、诚实守信、遵纪守法的职业道德；
（2）具备尊老敬老、以人为本的职业精神；
（3）具备自律奉献、乐于服务的意识；
（4）具备团队合作精神及创新意识；
（5）具备责任担当、积极进取、包容大爱的职业素养。

（四）知识目标

（1）掌握照护组长岗位说明书、能力要求、素质要求。

（2）掌握评估室的环境与设施要求；老年人日常生活活动、精神状态、感知觉与沟通、社会参与等评估内容及要求。

（3）掌握照护级别、照护内容、照护计划、照护工作流程。

（4）掌握口服药的种类与保管、口服药注意事项；掌握雾化吸入的种类、药物与注意事项；掌握眼、耳、鼻药物的种类与使用注意事项。

（5）掌握正常关节活动范围、关节活动度评定与训练方法，正常平衡能力程度、平衡能力评定与训练方法、正常 ADL 程度、ADL 评定与训练方法，吞咽机制、吞咽评定与训练方法。

（6）掌握认知功能评定与训练的方法；反常精神行为症状的识别、评估与照护方法；异常进食、如厕、睡眠等行为的观察与改善。

（7）掌握心脏骤停及判断方法，心肺复苏及成功标志；导致老人跌倒的危险因素、跌倒的危害，止血、骨折的急救措施；缺氧评估、用氧安全；烫伤的原因，烫伤病情判断和急救措施。

（8）掌握临终老人症状、照护方法；临终老人心理、灵性与社会照护需求。

（五）技能目标

（1）能够认识到照护组长与照护员岗位的区别，能够进行职业发展规划。
（2）能够进行老年人能力评估。
（3）能够根据案例制订老年人照护方案。

（4）能够协助老人服药、雾化吸入药物和使用眼、耳、鼻药物。

（5）能够为失能老人进行关节活动度、平衡能力、ADL、吞咽功能的评定与训练。

（6）能够为失智老人进行认知功能的评定与训练；能够进行反常精神行为症状的评估与照护；能够进行异常进食、如厕、睡眠等行为改善。

（7）能够进行心肺复苏；能够对跌倒老人进行救助；能够对缺氧的老人吸氧；能够对烫伤的老人进行急救。

（8）能够观察临终老人的症状并进行照护；能够为临终老人进行心理、灵性与社会等方面的照护。

四、课程主要内容

（一）能力单元与学时分配

序号	能力单元名称	讲授（学时）	实操（学时）	专家讲座（学时）	参观（学时）	讨论（学时）	其他（学时）
1	职业认知与发展					2	
2	照护评估与计划	2	2				
3	用药照护	4	4				
4	躯体功能障碍照护	8	8			2	
5	认知功能障碍照护	8	8			2	
6	应急照护	2	6				
7	安宁照护	4	2				
合计	64	28	30			6	

（二）教学任务描述

能力单元一：职业认知与发展	
教学目的	树立积极的职业观、人生观、价值观，培养职业素养
教学重点与难点	重点：树立积极的职业观、人生观、价值观 难点：树立积极的职业观
教学时数	2
教学方法与手段	小组讨论、个人展示、点评、总结
育人案例引用	职场情境案例：《青春养老人在成长》
考核方式	口试职业定位、素质与能力要求和个人职业能力发展规划
任务 1–1：职业定位与要求（1）	
相关知识点	照护组长岗位说明书、能力要求、素质要求
相关技能	能够认识到照护组长与照护员岗位的区别

续表

相关实训	讨论岗位职责、能力要求、素质要求
注意事项	正向引导学生对职业的认知，调动学生的热情；鼓励学生表达真实的感受
学习资源	网络资源、教辅资料、毕业生视频
任务 1-2：职业发展规划（1）	
相关知识点	职业分析、目标、计划
相关技能	能够进行职业发展规划
相关实训	进行个人职业发展分析、制订职业目标与计划
注意事项	启发学生思考，对学生的展示作出积极客观的评价
学习资源	教辅资料、行业资讯、网络资源

能力单元二：照护评估与计划	
教学目的	树立以老人为中心的职业照护理念，能够进行老年人能力评估，能制订老年人照护方案
教学重点与难点	重点：老年人能力评估 难点：老年人照护方案
教学时数	4
教学方法与手段	讲授、小组实训、作业展示、点评、总结
育人案例引用	案例：《中国发展报告 2020》
考核方式（2）	1. 每名同学进行老年人能力评估实操考核 2. 每名同学根据案例制订一份老年人照护方案
任务 2-1：老年人能力评估（2）	
相关知识点	评估室的环境与设施要求；老年人日常生活活动、精神状态、感知觉与沟通、社会参与等评估内容及要求
相关技能	能够进行老年人能力评估
相关实训	根据相关案例，分组开展老年人能力评估实训
注意事项	做好分组实训的组织，让每名同学都参与
学习资源	能力评估表、评估实训场地、用具与设施、教辅资料
任务 2-2：照护方案制订（2）	
相关知识点	照护级别、照护内容、照护计划、照护工作流程
相关技能	能够根据案例制订老年人照护方案
相关实训	分小组进行老年人照护方案讨论
注意事项	启发学生思考，培养学生树立以老人为中心的整体照护理念
学习资源	机构案例、教辅资料、网络资源

能力单元三：用药照护	
教学目的	树立细心、责任心、慎独的职业素养与职业精神，能够为老人进行用药照护，能够防范用药安全事故的发生
教学重点与难点	重点：安全用药 难点：细心、责任心、慎独的职业素养
教学时数	8
教学方法与手段	知识讲授、实操示范、操作练习与展示
育人案例引用	职场情境案例：养老故事会——照护员协助拒绝配合的老人服药
考核方式（2）	每名同学进行老年人用药照护实操考核
任务 3-1：服药协助（2）	
相关知识点	口服药的种类与保管、口服药注意事项
相关技能	能够协助老人服药
相关实训	分小组进行协助老人服药实操训练
注意事项	启发学生思考，鼓励学生学、做、练，培养学生人文关怀素养
学习资源	教学视频，服药实训场地、用具与设施，机构案例
任务 3-2：雾化吸入（3）	
相关知识点	雾化吸入的种类、药物与注意事项
相关技能	能够协助老人雾化吸入药物
相关实训	分小组进行协助老人雾化吸入药物实操训练
注意事项	启发学生思考，鼓励学生学、做、练，培养学生人文关怀素养
学习资源	教学视频，雾化吸入药物实训场地、用具与设施，机构案例
任务 3-3：外用药使用（3）	
相关知识点	眼、耳、鼻药物的种类与使用注意事项
相关技能	能够为老人使用眼、耳、鼻药物
相关实训	分小组进行为老人使用眼、耳、鼻药物实操训练
注意事项	启发学生思考，鼓励学生学、做、练，培养学生人文关怀素养
学习资源	教学视频，外用药使用实训场地、用具与设施，机构案例

能力单元四：躯体功能障碍照护	
教学目的	培养爱心、细心、责任心的职业素养，能够协助康复师为躯体功能障碍的老人进行康复评定与训练
教学重点与难点	重点：平衡能力评定与训练、ADL 评定与训练 难点：关节活动度评定与训练、吞咽评定与训练
教学时数	18
教学方法与手段	知识讲授、实操示范、操作练习、小组讨论、操作展示、点评、总结
育人案例引用	职场情境案例：偏瘫老人赵爷爷希望照护人员能帮助进行康复训练尽快恢复肢体功能
考核方式（4）	每名同学进行实操考试

续表

任务 4-1：关节活动度的评定与训练（4）	
相关知识点	正常关节活动范围、关节活动度评定与训练方法
相关技能	能够为老人进行关节活动度评定与训练
相关实训	分小组进行关节活动度评定与训练实操
注意事项	启发学生思考，鼓励学生学、做、练，培养学生人文关怀素养
学习资源	教学视频、教辅资料、相关实训用具与设施
任务 4-2：平衡能力的评定与训练（2）	
相关知识点	正常平衡能力程度、平衡能力评定与训练方法
相关技能	能够进行平衡能力评定与训练
相关实训	分小组进行平衡能力评定与训练实操
注意事项	启发学生思考，鼓励学生学、做、练，培养学生人文关怀素养
学习资源	教学视频、教辅资料、相关实训用具与设施
任务 4-3：ADL 的评定与训练（8）	
相关知识点	正常 ADL 程度、ADL 评定与训练方法（良肢位、床上体位、翻身、桥式、体位转移、进食、穿衣）
相关技能	能够进行 ADL 评定与训练
相关实训	分小组进行 ADL 评定与训练实操
注意事项	启发学生思考，鼓励学生学、做、练，培养学生人文关怀素养
学习资源	教学视频、教辅资料、相关实训用具与设施
任务 4-4：吞咽能力的评定与训练（4）	
相关知识点	吞咽机制、吞咽评定与训练方法
相关技能	能够进行吞咽评定与训练
相关实训	分小组进行吞咽评定与训练实操
注意事项	启发学生思考，鼓励学生学、做、练，培养学生人文关怀素养
学习资源	教学视频、教辅资料、相关实训用具与设施

能力单元五：认知功能障碍照护	
教学目的	培养爱心、细心、责任心的职业素养，能够为老人进行认知功能的评定与训练，能够进行反常精神行为症状的评估与照护，能够进行异常进食、如厕、睡眠等行为改善
教学重点与难点	重点：认知功能的评定与训练，反常精神行为症状的评估与照护，异常进食、如厕、睡眠等行为改善 难点：反常精神行为症状的评估与照护，异常进食、如厕、睡眠等行为改善
教学时数	18
教学方法与手段	知识讲授、实操示范、操作练习、小组讨论、情景剧展示、点评、总结
育人案例引用	职场情境案例：养老故事会——照护员小张对失智老人异常进食行为进行劝阻、批评老人，遭到老人行为攻击

续表

考核方式（2）	1. 每组情景剧展示 2. 学生制订照护方案
任务 5–1：认知功能的评定与训练（6）	
相关知识点	认知功能评定与训练的方法
相关技能	能够为老人进行认知功能的评定与训练
相关实训	分小组进行认知功能评定与训练实操
注意事项	启发学生思考，鼓励学生学、做、练，培养学生人文关怀素养
学习资源	教学视频、教辅资料、网络资源、相关实训用具与设施
任务 5–2：反常精神行为症状的评估与照护（8）	
相关知识点	反常精神行为症状的识别、评估与照护方法
相关技能	能够进行反常精神行为症状的评估与照护
相关实训	分小组进行反常精神行为症状的评估与照护实操
注意事项	启发学生思考，鼓励学生学、做、练，培养学生人文关怀素养
学习资源	教学视频、教辅资料、网络资源、相关实训用具与设施
任务 5–3：异常进食、如厕、睡眠等行为改善（4）	
相关知识点	异常进食、如厕、睡眠等行为的观察与改善
相关技能	能够进行异常进食、如厕、睡眠等行为改善
相关实训	分小组进行异常进食、如厕、睡眠等行为改善实操训练
注意事项	启发学生思考，鼓励学生学、做、练，培养学生人文关怀素养
学习资源	教学视频、教辅资料、网络资源、相关实训用具与设施

能力单元六：应急照护	
教学目的	培养争分夺秒抢救和尽心尽力关爱的职业精神，能够对突发意外的老人进行紧急救护
教学重点与难点	重点：心脏骤停应对、跌倒应对、缺氧应对、烫伤应对 难点：心脏骤停应对、跌倒应对
教学时数	8
教学方法与手段	知识讲授、实操示范、操作练习、小组讨论、点评、总结
育人案例引用	行业案例 1：新闻《沈阳村医心肺复苏救老太致其肋骨骨折，被告上法庭》 职场情境案例 2：养老故事会——情景剧《心肺复苏，生死救援》
考核方式	老年照护案例分析
任务 6–1：心脏骤停应对（2）	
相关知识点	心脏骤停及判断方法，心肺复苏及成功标志
相关技能	能够进行心肺复苏
相关实训	分小组进行心肺复苏实操训练
注意事项	启发学生思考，鼓励学生学、做、练，培养学生人文关怀素养
学习资源	教学视频、教辅资料、网络资源、相关实训用具与设施

续表

任务 6-2：跌倒应对（2）	
相关知识点	导致老人跌倒的危险因素、跌倒的危害，止血、骨折的急救措施
相关技能	能够对跌倒老人进行救助
相关实训	分小组进行对跌倒老人进行救助实操训练
注意事项	启发学生思考，鼓励学生学、做、练，培养学生人文关怀素养
学习资源	教学视频、教辅资料、网络资源、相关实训用具与设施
任务 6-3：缺氧应对（2）	
相关知识点	缺氧评估、用氧安全
相关技能	能够对缺氧的老人吸氧
相关实训	分小组进行吸氧实操训练
注意事项	启发学生思考，鼓励学生学、做、练，培养学生人文关怀素养
学习资源	教学视频、教辅资料、网络资源、相关实训用具与设施
任务 6-4：烫伤应对（2）	
相关知识点	烫伤的原因，烫伤病情判断和急救措施
相关技能	能够对烫伤的老人进行急救
相关实训	分小组进行对烫伤的老人进行急救实操训练
注意事项	启发学生思考，鼓励学生学、做、练，培养学生人文关怀素养
学习资源	教学视频、教辅资料、网络资源、相关实训用具与设施

能力单元七：安宁照护	
教学目的	培养珍爱生命、敬畏生命的人生观，培养大爱精神，能够为临终老人进行身心灵社的照护
教学重点与难点	重点：临终老人的症状观察与照护、临终老人心理、灵性与社会照护 难点：临终老人的症状观察与照护、临终老人心理、灵性与社会照护
教学时数	6
教学方法与手段	知识讲授、实操示范、操作练习、小组讨论、点评、总结
育人案例引用	养老故事案例 1：《宋丹丹握着母亲手陪伴母亲安然离世》 行业故事案例 2：纪录片《生命力》片段
考核方式	老年照护案例分析
任务 7-1：临终老人身体照护（4）	
相关知识点	临终老人症状、照护方法
相关技能	能够观察临终老人的症状并进行照护
相关实训	分小组进行临终老人的症状观察与照护实操
注意事项	启发学生思考，鼓励学生学、做、练，培养学生人文关怀素养
学习资源	教学视频、教辅资料、网络资源、相关实训用具与设施

续表

任务 7-2：临终老人心理、灵性与社会照护（2）	
相关知识点	临终老人心理、灵性与社会照护需求
相关技能	能够为临终老人进行心理、灵性与社会等方面的照护
相关实训	分小组进行临终老人心理、灵性与社会照护方案讨论
注意事项	启发学生思考，培养学生人文关怀素养
学习资源	教学视频、教辅资料、网络资源、育人案例

五、“课程思政”育人元素融入课程教学的途径和方法

序号	知识点	育人元素	育人案例	融入途径、方式	育人效果评价方式
1	职业素养；照护工作中的沟通技巧	尊老孝老、爱岗敬业、以人为本、自尊自爱、自信自强	职场情境案例 1:《青春养老人在成长》 职场情境案例 2：养老故事会——《机构来了个 00 后》	图文讲述行业典型人物故事 播放育人案例微视频；组织学生开展情景剧体验	采取“自评+互评+师评”；达到育人目标
2	长期照护的内涵；长期照护计划的内容	社会责任感、责任担当、以人为本、和谐发展	案例 1:《中国发展报告 2020》 案例 2:《世界老年失智宣传片》	情境案例 总结归纳	采取“自评+互评+师评”；达到育人目标
3	“为老人测量生命体征”的操作方法	严谨慎独、人文关怀	职场情境案例：养老故事会——照护员小孙帮助不配合工作的张爷爷测量每日生命体征	组织学生开展情景剧体验	采取“自评+互评+师评”；达到育人目标
4	“协助老人服药”的操作要点	人文关怀、严谨慎独、一丝不苟	职场情境案例：养老故事会——照护员协助拒绝配合的老人服药	组织学生开展情景剧体验	采取“自评+互评+师评”；达到育人目标
5	隔离技术操作	爱国主义、人道主义、责任担当、一丝不苟	国内外养老机构疫情防控新闻报道	图文讲述院感防控案例	采取“自评+互评+师评”；达到育人目标
6	为失能老人进行功能评估的方法	尊老敬老、勤学勤思	职场情境案例：偏瘫老人赵爷爷希望照护人员能帮助进行康复训练尽快恢复肢体功能	组织学生根据视频思考评估事项和制订训练方案	采取“自评+互评+师评”；达到育人目标
7	为失能老人进行关节活动训练的方法	人文关怀、吃苦耐劳	职场情境案例：养老故事会——新来的照护员小刘准备为周奶奶制订功能训练方案	组织学生开展情景剧体验	采取“自评+互评+师评”；达到育人目标
8	失智老人异常行为的应对措施	理解包容不怕失败	职场情境案例：养老故事会——照护员小张对失智老人异常进食行为进行劝阻、批评老人，遭到老人行为攻击	组织学生开展情景剧体验	采取“自评+互评+师评”；达到育人目标

续表

序号	融入知识点	育人元素	育人案例	融入途径、方式	育人效果评价方式
9	心脏骤停的判断要点；心肺复苏操作流程，讲解技术要点	生命至上、法治信仰、严谨慎独	行业案例 1：新闻——《沈阳村医心肺复苏救老太致其肋骨骨折，被告上法庭》 职场情境案例 2：养老故事会——情景剧《心肺复苏，生死救援》	新闻案例播放 情景剧微视频播放及情景剧体验	采取“自评+互评+师评”；达到育人目标
10	老年人摔倒时的应对照护方法	防患于未然、严谨慎独	职场情境案例：养老故事会——张爷爷摔倒，照护员小李紧急处理	播放育人案例微视频；组织学生开展情景剧体验	采取“自评+互评+师评”；达到育人目标
11	安宁照护的内涵；安宁照护与一般护理的区别	唯物主义生死观、人文关怀	养老故事案例 1：《宋丹丹握着母亲手陪伴母亲安然离世》 行业故事案例 2：纪录片《生命力》片段 职业情境案例 3：养老故事会——《温暖人生的最后一程》	图文讲述行业故事 播放育人案例微视频 组织学生开展情景剧体验	采取“自评+互评+师评”；达到育人目标

六、课程评价方法

课程成绩 = 课堂出勤 10%+ 书面作业 10%+ 课堂表现 10%+ 项目测试 70%

围绕“爱老护老”育人目标，基于“一对接，三结合”教学评价机制，开展知识、能力和素质全方位多元评价。

七、教学资源配置

（一）教材、参考书目、育人案例主要来源

黄岩松，李敏 . 老年健康照护（临床案例版）[M]. 武汉：华中科技大学出版社，2020.

李斌 . 老年照护（中级）[M]. 北京：中国人口出版社，2019.

人力资源社会保障部教材办公室 . 养老护理员职业培训系列教材 [M]. 北京：中国人力资源和社会保障出版集团，2020.

中国研究型医院学会 . 健康照护师职业培训系列教材 [M]. 北京：中国科学技术出版社，2019.

育人案例主要来源：养老企业真实案例、社会新闻、典型人物等。

（二）信息化教学资源

“智慧职教”等在线开放教学平台。

（三）主要设备与设施

校内、校外实训室及各种实训设施。

（四）主讲教师

李莉，高级实验师、主管护师，教学经历 10 年、临床经验 12 年，智慧康养学院。

八、其他说明

（一）产教融合，行业企业参与课程开发情况

该课程教学内容融入行业真实案例，行业专家参与课程教学内容设计。

（二）教学组织的特点（建议）

排课方式相对集中，实践内容多，应安排有实训条件且能满足 6 个小组同时实训的教室。

高等职业教育本科
“智慧养老产业经营与管理”课程标准

一、课程基本信息

课程编码		课程类型（理论或实践或理实一体）	理实一体	适用专业	智慧健康养老管理
学分	4	总学时	64	实践学时	32
先修课程	智慧健康养老机构管理与实务				
后续课程	现代养老产品研发				
执笔人	聂麟懿		批准人		

二、课程定位

“智慧养老产业经营与管理”是老年服务与管理专业人才培养方案中规定学生必须修读的专业核心课程。通过本课程的学习，让学生掌握老年产业的基本内涵，所涉及的产业门类，国内外的现状，国内的发展瓶颈，不同地区的发展差异，重点发展板块，我国未来老年产业发展趋势和方向，了解最前沿的老年产业信息和政策等各方面的内容，为进一步的专业实践工作打下良好基础。

三、课程学习目标

（一）社会主义核心价值观目标

（1）树立富强、民主、文明、和谐的价值目标；
（2）树立自由、平等、公正、法治的价值取向；
（3）树立爱国、敬业、诚信、友善的价值准则。

（二）情感态度目标

（1）具备民族团结、社会责任情感等；

（2）具备社会主义公民道德、社会公德和家庭美德意识等；
（3）具备求实的科学态度、积极的生活态度等。

（三）职业素养目标

（1）具备爱岗敬业、诚实守信、遵纪守法等职业道德；
（2）具备团队协作精神、创新精神；
（3）具备老年服务职场安全意识与健康意识；
（4）具备老年服务礼仪与规范意识；
（5）具备工匠精神。

（四）知识目标

（1）掌握智慧养老产业的概念，中国老年政策，适老化住宅的设计与改造要点，养老服务产业的模式及运营管理要求；老年产品的开发与市场运作要求；
（2）熟悉老年用品的开发现状及使用情况，智慧养老产业的发展方向；
（3）了解老年食品的类型及行业需求现状、老年金融产品的开发与需求。

（五）技能目标

（1）能运用调查分析法老年产业市场现状及需求，并预测市场发展；
（2）能正确解读老年产业政策法规；
（3）能把握适老化建筑的要点，指导或检查适老化建筑是否符合规范。

四、课程主要内容

（一）能力单元与学时分配

序号	能力单元名称	讲授（学时）	实操（学时）	专家讲座（学时）	参观（学时）	讨论（学时）	其他（学时）
1	养老产业的认知	6	6	0	0	2	0
2	养老照护服务产业	6	4	0	0	0	0
3	老年住宅产业	6	4	0	0	2	0
4	老年食品产业	6	2	0	0	2	0
5	老年用品产业	6	4	0	0	2	0
6	老年金融产业	2	2	0	0	2	0
合计	64	32	22	0	0	10	0

（二）教学任务描述

能力单元一：养老产业的认知	
教学目的	通过本单元学习，要求学生熟悉产业的概念，产业的分类及发展基础、市场条件，掌握老年产业的相关概念、基本特征及产业链；了解中国老年产业的发展现状，通过本单元的学习，让学生形成对老年产业的初步认知
教学重点与难点	产业的基本特征；老年产业的分类；老年产业链
教学时数	12
教学方法与手段	采用课堂讲授法为主，加以案例分析说明及学生讨论练习
考核方式	课堂表现 + 课堂作业 + 期末考核
任务 1-1：讨论智能化技术在养老产业中的应用	
相关知识点	产业概念及分类、产业发展条件及市场条件
相关实操技能	通过案例分析讨论，完成课堂练习
相关实训	无
教师注意事项	组织学生参与测验并积极思考，注意控制课堂气氛
学习资源	相关案例
任务 1-2：搜集整理与智慧养老行业相关的政策法规，组织学生进行解读	
相关知识点	老年产业发展
相关实操技能	组织学生课下收集资料、课上解读分析
相关实训	无
教师注意事项	组织学生积极参与讨论，注意控制课堂气氛
学习资源	相关案例
任务 1-3：小组以老年产业为主题撰写老年产业项目创业计划书	
相关知识点	老年产业概况、中国老年产业发展现状
相关实操技能	组织学生课下收集资料，课上解读分析
相关实训	无
教师注意事项	组织学生积极参与讨论，注意控制课堂气氛
学习资源	相关案例

能力单元二：养老照护服务产业	
教学目的	通过本单元学习，要求学生掌握老年服务的模式，老年照护服务的内容及运营管理的要求，熟悉社会化养老服务体系构建的相关内容
教学重点与难点	社区居家养老服务的运营
教学时数	10
教学方法与手段	采用课堂讲授法为主，兼以案例、讨论教学方法
考核方式	课堂表现 + 任务完成情况 + 期末考核

续表

任务 2-1：掌握养老服务产业的模式及内容	
相关知识点	居家养老、社区养老概念、特征及照护服务的基本内容
相关实操技能	绘制思维导图，整理并梳理居家养老、社区养老和模式各自的服务要求
相关实训	无
教师注意事项	课堂节奏的把握、学生的技能引导
学习资源	各种老年人网站，图书馆阅览室相关资料
任务 2-2：社区居家养老智慧养老的探索与创新	
相关知识点	社区居家养老模式相关概念及政策，智慧养老在社区居家中的应用
相关实操技能	分组进行本项任务。各小组通过查阅相关资料，结合当前社区居家养老现状及智慧养老的发展展望，思考并讨论社区居家养老智慧养老的发展方向，形成 PPT 并课堂汇报，可结合案例举例说明
相关实训	无
教师注意事项	课堂节奏的把握、学生的技能引导
学习资源	各种老年人网站，图书馆阅览室相关资料

能力单元三：老年住宅产业	
教学目的	通过本单元学习，要求学生通过课程内容的讲述及实际操作，掌握适合老年人居住的房屋结构、适老化设施及老年人居住的旧房改造，以及养老地产的开发与运营
教学重点与难点	适老化的改造评估和设计要点；养老地产的运营
教学时数	12
教学方法与手段	采用课堂讲授法为主，兼以案例、讨论教学方法
考核方式	课堂表现 + 任务完成情况 + 期末考核
任务 3-1：认识老年人住宅的辅助设施	
相关知识点	不同健康状态的老年人对居住环境的适老化改造需求
相关实操技能	分小组进行讨论，各组员结合日常观察，收集材料，分享老年人住宅中的各种辅助设施设备，并制作 PPT 进行展示
相关实训	无
教师注意事项	课堂节奏的把握、学生的技能引导
学习资源	各种老年人网站，图书馆阅览室相关资料
任务 3-2：老年人住宅的适老化改造	
相关知识点	室内适老化改造原则、室内适老化设计改造要点
相关实操技能	分组进行本项任务。利用 VR 虚拟仿真系统向学生展示一间老年人的住宅结构，学生结合课程所学知识内容，根据指引，找出该房屋存在的适老化问题并提出改造建议
相关实训	无
教师注意事项	课堂节奏的把握、学生的技能引导
学习资源	各种老年人网站，图书馆阅览室相关资料

续表

任务 3–3：老年人住宅社区的适老化设计	
相关知识点	老年人住宅公共空间的适老化设计要点，养老社区设计规划要求
相关实操技能	分小组完成本项任务，各小组走访附近的小区住宅，拍照记录，并总结出该小区户外公共区域设计是否符合适老化设计标准
相关实训	无
教师注意事项	课堂节奏的把握、学生的技能引导
学习资源	各种老年人网站，图书馆阅览室相关资料
任务 3–4：养老地产的设计开发及运营	
相关知识点	养老地产的经营模式，养老社区设计开发特点，养老地产行业的规范要求、发展趋势及经营现状
相关实操技能	案例展示、观看视频及小组讨论分析
相关实训	无
教师注意事项	课堂节奏的把握、学生的技能引导
学习资源	各种老年人网站，图书馆阅览室相关资料

能力单元四：老年食品产业	
教学目的	通过本单元学习，让学生掌握老年食品的相关概念及老年食品行业的发展现状，老年保健食品的营销策略，熟悉国内外老年食品行业的发展需求
教学重点与难点	老年食品的概念，老年食品行业发展现状及需求；保健食品的概念及营销策略
教学时数	10
教学方法与手段	采用课堂讲授法为主，兼以案例教学、任务实施、课堂讨论等方法
考核方式	课堂表现 + 任务完成情况 + 期末考核
任务 4–1：老年食品的行业现状与发展	
相关知识点	老年食品的概念，老年食品的分类，老年食品的国内外发展现状
相关实操技能	结合课堂所学知识，各小组成员合理分工，查阅资料，收集整理国内外老年食品开发与营销的典型案例，制作 PPT 并分享
相关实训	无
教师注意事项	注意引导学生积极参与、激发学生兴趣
学习资源	相关案例
任务 4–2：老年保健品市场调查	
相关知识点	保健食品的概念，保健食品的相关政策，消费心理学、保健食品的营销策略
相关实操技能	分组进行本项任务，结合课堂知识点，设计调查问卷，开展社会调查，了解保健品的市场销售现状和老年人对保健品的需求，并形成一份调查报告
相关实训	无
教师注意事项	注意引导学生积极参与、激发学生兴趣
学习资源	相关案例

能力单元五：老年用品产业	
教学目的	通过本单元的学习，让学生掌握常见的老年人辅助用品及生活服务产品的现状、使用及开发
教学重点与难点	老年用品的分类，老年用品的需求，老年用品开发前景
教学时数	12
教学方法与手段	采用课堂讲授法为主，兼以案例教学、任务实施、课堂讨论等方法
考核方式	课堂表现＋课后作业＋任务完成情况＋期末考核
任务 5–1：收集特色创新老年人用品开发案例	
相关知识点	老年人用品的开发需求与创新
相关实操技能	分组进行本项任务的工作内容，查阅资料，收集整理国内外老年人用品的创新典型案例，制作 PPT 并分享
相关实训	无
教师注意事项	结合实际解释说明，帮助学生理解相关理论
学习资源	相关案例、网络图片
任务 5–2：老年人生活服务产品的创意设计开发	
相关知识点	老年人用品的概念与类型，老年人用品的创新设计与开发
相关实操技能	分组完成本项任务，小组讨论并查阅资料尝试开发设计创新老年服务产品，形成设计初稿
相关实训	无
教师注意事项	注意引导学生积极参与，了解学生在处理任务过程中存在的问题
学习资源	相关案例

能力单元六：老年金融产业	
教学目的	通过学习，让学生掌握金融产品的基本概况，老年人常见金融产品的开发与销售
教学重点与难点	社会基本养老保险制度、老年金融需求
教学时数	6
教学方法与手段	采用课堂讲授法为主，兼以案例教学、任务实施、课堂讨论等方法
考核方式	课堂表现＋课后作业＋任务完成情况＋期末考核
任务 6–1：老年金融需求及群体行为特征	
相关知识点	老年人的金融服务需求
相关实操技能	分小组完成本项任务，搜集老年人寻求金融服务中的上当案例，并分析原因，形成 PPT 并汇报展示
相关实训	无
教师注意事项	结合实际解释说明，帮助学生理解相关理论
学习资源	相关案例、网络图片

五、“课程思政”育人元素融入课程教学的途径和方法

序号	知识点	育人元素	融入途径、方式	预期效果	备注
1	中国老年产业现状与发展	爱国、敬业、诚信、友善的社会主义核心价值观	通过介绍老年产业的发展历程、对比老年人养老生活的改变融入	树立正确的人生观、价值观，培养学生的爱国主义情怀	
2	适老化改造与设计	人文精神、职业素养	通过任务实践融入	培养学生在实践中关心关怀老人，培养耐心细致的职业素养	
3	老年产品的开发设计	创新能力	通过各种新型的设计方案融入	培养学生敢于思考、勇于创新的精神	

六、课程评价方法

课程成绩 = 课堂出勤 15%+ 任务项目及课后作业 15%+ 课堂表现 10%+ 期末考试 60%

七、教学资源配置

（一）主教材

乌丹星 . 老年产业概论［M］. 北京：中国纺织出版社，2015.10.

（二）参考资料

《中国老龄产业发展报告》。

（三）信息化教学资源

“学习通”网络课程平台、微课视频。

（四）主要设备与设施

多媒体教学设备、情景实训室等。

（五）主讲教师

聂麟懿，重庆城市管理职业学院智慧康养学院专任教师，讲师，从事教学工作 10 余年，教学及科研方向：公共事业管理、公共卫生管理等。

八、其他说明

以下行业企业参与课程开发情况：
重庆合展养老产业发展有限公司。
重庆医科大学附属第一医院青杠老年护养中心。

高等职业教育本科
“智慧养老机构管理与实务”课程标准

一、课程基本信息

课程编码		课程类型（理论或实践或理实一体）	理实一体	适用专业	智慧健康养老管理
学分	4	总学时	64	实践学时	32
先修课程	智慧健康养老服务与管理概论				
后续课程	顶岗实习				
执笔人	雷雨		批准人		

二、课程定位

智慧健康养老管理专业是在日趋严峻的人口老龄化形势和我国养老服务事业快速发展的社会背景下开设的新型专业。该专业人才培养定位在智慧养老服务与管理两个目标。“智慧养老机构管理与实务”课程主要针对管理培养目标而开设。由于本专业绝大多数人才将从服务岗位逐步走上服务管理或更高层次的管理岗位，因此，本课程在人才培养方案中处于重要的地位，是本专业学生的必修课程和核心课程。

三、课程目标

（一）总目标

通过本课程的学习，增强学生职业意识，树立爱岗敬业、乐于奉献的职业精神，提高养老机构管理的实际工作能力。

（二）分目标

1. 态度目标

培养学生“爱众亲仁”的良好职业道德，“博学笃行”的优秀专业品质，热爱老年服务事业，爱岗敬业，有强烈的职业意识、乐于奉献的精神和高度的社会责任感，有廉洁自律的领导者风范，有很好的团队合作精神，有较高的人文、科学素养。

2. 知识目标

培养学生具有“以人为本”“以服务为中心”“安全第一”“质量第一”的现代服务理念，具备从事公共事业管理所必需的基本理论与基本知识，具备老年社会福利机构依法管理所必需的政策法规知识，具备基层管理岗位所必需的基本理论与基本知识，具备应用现代化管理手段所必需的基本理论及基本知识，具备为老年人服务的相关基本理论与基本知识，具有一定的统计分析基本理论与知识，具备与老年人、员工和上级沟通的知识。

3. 技能目标

培养学生敏锐的观察力，较强的计划、组织、协调、领导和控制能力，较强的语言表达能力和交流沟通能力，较强的公文写作能力，较强的综合分析、判断和决策能力，突发事件应急处置能力，有一门以上的专业技术指导能力，学习、掌握和应用现代化管理新知识、新技术的能力和开拓进取的创新能力。

课程的培养目标既符合本专业人才培养目标，也符合高技能应用型人才培养目标。

四、课程能力标准要求

通过本课程的学习，学习者应该具备以下知识、技能与素质。

（一）知识要求

（1）具有“以人为本”，以服务为中心、安全第一、质量第一的现代服务管理理念；

（2）具备公共事业管理所必需的基本理论与基本知识；

（3）具备老年社会福利机构依法管理所必需的政策法规基本理论与基本知识；

（4）具备经营管理所必需的基本理论与基本知识；

（5）具备应用现代化管理手段所必需基本理论及基本知识；

（6）具备为老年人服务的相关基本理论与基本知识；

（7）具有一定的统计分析基本理论与知识；

（8）具备与老年人、员工和上级沟通的知识。

（二）技能要求

（1）具有高度的责任心、敏锐的观察力；

（2）具有较强的组织、协调能力；

（3）具有较强的语言表达能力；

（4）具有较强的公文写作能力；
（5）具有较强的综合分析、判断能力；
（6）具有突发事件应急处置能力；
（7）具有与老人、员工、上级的沟通能力；
（8）具有一门专业技术指导能力；
（9）具有学习、掌握和应用现代化管理新知识、新技术的能力；
（10）具有开拓进取的创新能力。

（三）素质要求

（1）具备与该行业相应的职业道德，包括爱岗敬业、诚实守信、遵守相关法律法规等；
（2）具备与该行业相对应的团队协作精神；
（3）具备与该行业相对应的创新精神；
（4）具备与该行业相对应的职场安全与健康意识；
（5）具备文字、口头表达与交流技巧。

五、课程主要内容

（一）能力单元与学时分配

序号	能力单元名称	讲授（学时）	实操（学时）	专家讲座（学时）	参观（学时）	讨论（学时）	其他（学时）
1	养老机构基本认知能力	6	6				
2	养老机构建设及建筑评估规划能力	4	6			2	
3	养老机构业务管理能力	8	6				
4	养老机构日常管理能力	10			6		
5	智慧技术使用能力	4		2	4		
合计	64	32	18	2	10	2	0

（二）教学任务描述

能力单元一：养老机构基本认知能力	
教学目的	了解养老机构及养老机构日常管理
教学重点与难点	重点介绍机构性质、老年人自理能力评估、机构设置、人员编制、老年人护理等级评定、老年人入住程序等内容。难点是养老机构内部管理和政府对养老机构的管理
教学时数	12
建议教学方法与手段	讲授与实操相结合
任务 1–1：自理能力评估任务描述	
相关知识点	老年护理学
相关实操技能	老年群体自理能力评估量表的使用
教师注意事项	课堂节奏的把握、学生的技能引导
学习资源	
任务 1–2：护理等级评估任务描述	
相关知识点	老年护理学
相关实操技能	结合老年人自理能力评估结果对老年人护理等级进行评估
教师注意事项	课堂节奏的把握、学生的技能引导
学习资源	

能力单元二：养老机构建设及建筑评估规划能力	
教学目的	了解养老机构建设及养老机构建筑设计
教学重点与难点	重点介绍养老机构的论证和机构申报审批程序（以自学为主）
教学时数	12
建议教学方法与手段	讲授、讨论与实操相结合
任务 2–1：养老机构建设任务描述	
相关知识点	养老机构的论证、机构申报审批程序
相关实操技能	养老机构建筑规划评估
教师注意事项	课堂节奏的把握、学生的技能引导
学习资源	
任务 2–2：养老机构建筑规划评估任务描述	
相关知识点	养老机构建筑标准、评估标准等
相关实操技能	养老机构建筑规划评估
教师注意事项	课堂节奏的把握、学生的技能引导
学习资源	

能力单元三：养老机构业务管理能力	
教学目的	了解护理、膳食、财务和质量管理等相关内容
教学重点与难点	重点介绍护理管理内容与方法，难点为质量管理
教学时数	14
建议教学方法与手段	讲授与实操
任务 3–1：护理、膳食和财务等日常管理任务描述	
相关知识点	老年人日常护理管理、后勤管理和财务管理知识等
相关实操技能	不同护理等级的老年人的护理管理方式
教师注意事项	课堂节奏的把握、学生的技能引导
学习资源	
任务 3–2：养老机构质量管理任务描述	
相关知识点	ISO 质量管理八项原则
相关实操技能	ISO9001 质量管理标准体系、信息化管理、“5S”管理
教师注意事项	课堂节奏的把握、学生的技能引导
学习资源	

能力单元四：养老机构日常管理能力	
教学目的	了解养老机构制度建设、信息化管理及经营等相关内容
教学重点与难点	重点介绍最新的信息化管理方式，难点为日常经营
教学时数	16
建议教学方法与手段	讲授与参观
任务 4–1：养老机构制度建设及任务描述	
相关知识点	管理学、决策学等
相关实操技能	养老机构日常管理制度形成、建设和改进完善等
教师注意事项	课堂节奏的把握、学生的技能引导
学习资源	
任务 4–2：养老机构经营任务描述	
相关知识点	管理学
相关实操技能	养老机构信息化管理系统软件结构功能介绍、业务管理、医疗管理、药政管理模块上机操作
教师注意事项	课堂节奏的把握、学生的技能引导
学习资源	

能力单元五：智慧技术使用能力	
教学目的	了解养老机构的智慧化管理技术
教学重点与难点	智慧技术、智慧管理
教学时数	10
建议教学方法与手段	讲授、专家讲座与参观相结合
任务 5–1：智慧技术在养老机构中的应用	
相关知识点	管理学、决策学等
相关实操技能	养老机构日常管理中的智慧技术协同方案
教师注意事项	课堂节奏的把握、学生的技能引导
学习资源	
任务 5–2：养老机构未来虚拟技术应用	
相关知识点	电子信息、管理学
相关实操技能	养老机构信息化管理系统软件结构功能介绍、业务管理、医疗管理、药政管理模块上机操作
教师注意事项	课堂节奏的把握、学生的技能引导
学习资源	

六、学习者能力测试方法

（一）能力测试的方法与手段

序号	能力单元名称	测试的方法与手段			
		鉴定要求	采用方法	鉴定人	鉴定地点
1	养老机构基本认知的能力	熟悉并熟练掌握养老机构基本情况	作业	任课教师	教室
2	养老机构建设及建筑评估规划能力	了解养老机构的建设及建筑规划评估的相关政策法规内容	口试	任课教师	教室
3	养老机构业务管理能力	了解护理、膳食、财务和质量管理等相关内容	报告	任课教师	教室
4	养老机构日常管理能力	了解养老机构制度建设、信息化管理及经营等相关内容	实操	任课教师	教室
5	养老机构智慧技术使用	掌握养老机构常用的智慧管理技术和未来趋势	实操	任课教师	教室

（二）课程成绩评价办法

本课程考核将申请课程能力鉴定改革，以总成绩 = 平时成绩（30%）+ 四个模块的考核内容（70%）的形式进行，课堂出勤缺课 1/3 将按重修处理。

七、教学资源配置

（一）主教材

许虹，李冬梅 . 养老机构管理［M］. 杭州：浙江大学出版社，2021.

（二）主讲教师

雷雨，男，经济学硕士，副教授，教龄 18 年，重庆城市管理职业学院智慧康养学院专任教师。

八、其他说明

（一）行业企业参与课程开发情况

重庆合展养老产业发展有限公司。
重庆医科大学附属第一医院青杠老年护养中心。

（二）教学组织的特点

1. 鲜明的工学结合特色

与行业专家共同开发课程、编写教材，选择适用的教学内容，共同制订课程标准，共同参与教学条件建设，共同实施课程教学，工学结合、校企合作在本课程建设中得到了完美的体现。

2. 实用、领先的课程内容

本课程直接针对我国养老机构服务与管理中存在的问题，科学选择教学内容，既能满足学生养老机构管理能力培养的需要，又能满足行业在职人才培训的需要。课程既注重了传统养老机构管理方法，又把先进的管理理念（如 ISO 质量管理八项原则）和方法（如 ISO9001 质量管理标准体系、信息化管理、“5S”管理等）融入课程，提高了课程教学水平，促进了行业与国际接轨。

后 记

本书系教育部高等学校科学研究发展中心中国高校产学研创新基金——北创助教项目“智慧康养专业群双新融合实践教学平台（2021BCH01004）”、重庆市职业教育改革研究项目“以岗位胜任力导向的高职老年服务与管理专业群教学标准体系构建研究与实践（Z231008）、重庆市教育科学“十四五”规划课题“成渝双城经济圈内高职院校养老服务高技能人才培养路径研究（2021-GX-047）”、重庆市社科规划项目“社会组织参与社会重大突发事件治理研究”、重庆市教育科学“十四五”规划项目“职业院校智慧健康养老服务与管理双高专业群教师教学创新团队建设有效模式研究（K23YG3130313）”阶段性研究成果，可供准备开办或已经开办智慧健康养老管理专业的院校的工作人员阅读。

本书在成书过程中得到许多人的帮助，在此一并感谢。首先感谢学校领导的大力支持，有这样的支持，团队才能有信心、有决心完成这项工作；感谢团队的各位老师，感谢他们在问卷设计、问卷发放、问卷回收工作中所作出的贡献；感谢重庆三峡医药高等专科学校、北京社会管理职业学院等相关院校的各位老师，重庆光大百龄帮康养产业集团有限公司、成都市长青树养老服务有限公司等单位中的行业专家，在调研过程中不厌其烦地回答我们的口头提问、在线提问、电话提问；感谢深圳智邻科技有限公司在调研数据的采集、整理与各种会务安排工作中所付出的努力。

2023 年 11 月